HEIMAT NEU ENTDECKEN

Sie sind verführerisch, spannend, streckenweise auch leicht fordernd, aber alle mit überschaubarem Zeitaufwand bestens wanderbar: 11 der besten drei bis sieben Kilometer kurzen Premium-Spazierwanderwege stellen Ulrike Poller und Wolfgang Todt entlang des Rheins, an der Nahe und in der Pfalz vor. Premium-Spazierwandern ist nicht zu verwechseln mit barrierefrei: Die wenigsten Wegabschnitte sind für Kinderwagen, Rollstühle oder Rollatoren geeignet. Wer also die geologischen Geheimnisse, den Steillagenweinbau, die romantischen Pfade und Burgen im Welterbetal des Mittelrheins oder die fantastische Landschaft der Nahe zwischen Gradierwerken und dem Rotenfels ganz neu erleben möchte, der ist auf diesen Spazierwanderwegen genau richtig. Weiter südlich geht es auf kurzen Wegen zu den mythenumwobenen Felsen rund um Dahn in der Pfalz und weiter in das Roseneldorado Zweibrücken. Alle Touren sind vom Deutschen Wanderinstitut ausgezeichnet.

ideemedia

INHALT

PFALZ

NEU

traum touren

GRATIS-APP
Karte·Navi·GPS

Download der
.gpx-Daten unter
www.wander-touren.com

Meine Notizen

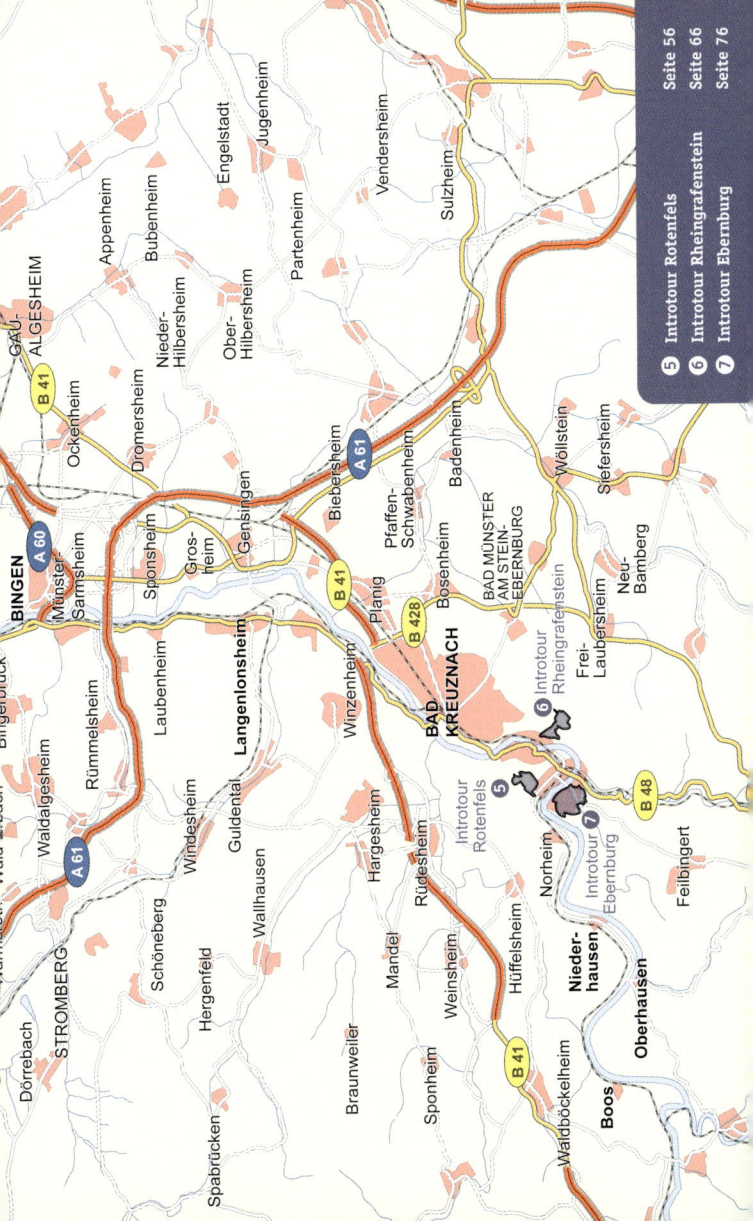

GAU-ALGESHEIM

Engelstadt

Jugenheim

Vendersheim

Sulzheim

Appenheim

Bubenheim

Ockenheim

Dromersheim

Nieder-Hilbersheim

Ober-Hilbersheim

Partenheim

B 41

Badenheim

Wöllstein

Siefersheim

BINGEN

Münster-Sarmsheim

Sponsheim

Gros-heim

Gensingen

Biebelsheim

Pfaffen-Schwabenheim

Bosenheim

BAD MÜNSTER AM STEIN-EBERNBURG

Neu-Bamberg

A 60

A 61

Planig

B 428

BAD KREUZNACH

Frei-Laubersheim

Introtour Rheingrafenstein

6

Laubenheim

Winzenheim

Rummelsheim

Windesheim

Guldental

Hargesheim

Rüdesheim

Norheim

Introtour Ebernburg

7

B 48

Feilbingert

Waldalgesheim

Introtour Rotenfels

5

STROMBERG

Schöneberg

Wallhausen

Mandel

Weinsheim

Hüfelsheim

Nieder-hausen

Oberhausen

Dörrebach

Hergenfeld

Braunweiler

Sponheim

B 41

Waldböckelheim

Boos

Spabrücken

Langenlonsheim

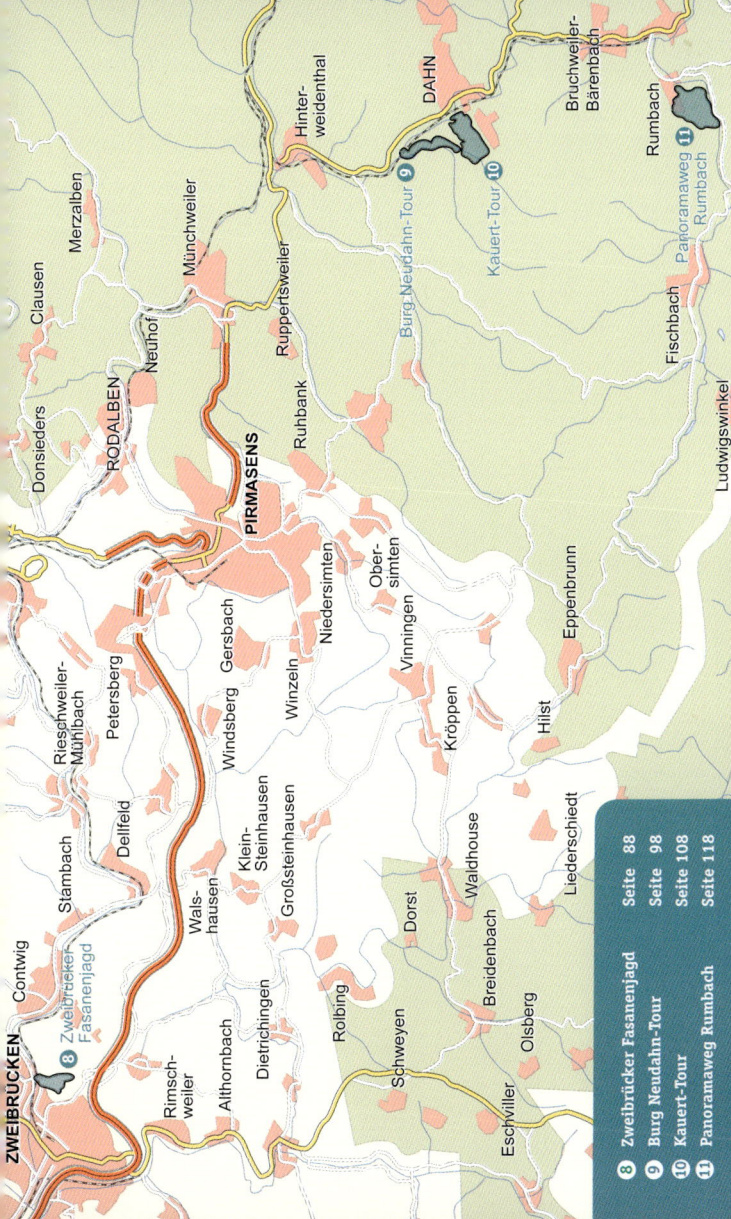

ZWEIBRÜCKEN

Contwig

Rimsch-
weiler

Althornbach

Dietrichingen

Rolbing

Schweyen

Dorst

Eschviller

Olsberg

Breidenbach

Waldhouse

Liederschiedt

Hilst

Kröppen

Vinningen

Ober-
simten

Niedersimten

Winzeln

Großsteinhausen

Klein-
Steinhausen

Walsh-
hausen

Delfeld

Petersberg

Rieschweiler-
Mühlbach

Stambach

Windsberg

Gersbach

Ruhbank

PIRMASENS

RODALBEN

Neuhof

Donsieders

Clausen

Merzalben

Münchweiler

Ruppertsweiler

Hinter-
weidenthal

DAHN

Eppenbrunn

Ludwigswinkel

Fischbach

Rumbach

Bruchweiler-
Bärenbach

⑧ Zweibrücker
Fasanenjagd

⑨ Burg Neudahn-Tour

⑩ Kauert-Tour

⑪ Panoramaweg
Rumbach

ZEICHEN IM BUCH

▬▬▬	Wanderweg
👟👟👟👟	Sehr leicht
👟👟👟👟	Leicht
👟👟👟👟	Mittel
👟👟👟👟	Schwer
👟👟👟👟	Sehr schwer

Erläuterung zur Schwierigkeit unter:
www.schoeneres-wandern.de/html/bucher.html

📥	Download GPX		📞	Telefonnummer
🕐	Gehzeit		ⓘ	Internet-Adresse
↑▲↓	Steigung/Gefälle		🕐	Öffnungszeiten/Termine*
▲	Höchster Punkt		●	Start/Ziel
🍴	Kalorienverbrauch		(1) ◯	Streckenpunkt
🚗	Anfahrt		ⓘ	Tourist-Info
Ⓟ	Parkplatz		🐶	Hundetipp
			✕	Einkehren
			🛏	Übernachten
			❗	Tipp/Hinweis
			🚌	Bus/Bahn
			🚕	Taxi
			🚐	Wohnmobil-Stellplatz
			🚫	Nicht barrierefrei

Öffnungszeiten sind saisonabhängig. Bitte telefonisch erfragen.

- **Wegformat:**

`Fester Belag`　`Harter Belag`　`Natur-Belag`

- **Höhenangaben:** Bezogen auf NN
- **Entfernungsangaben:** Beschriebene Hauptstrecke inkl. empfohlener Abstecher (ca.)
- **GPS-Daten:** Kürzeste Strecke
- **Zeitangaben:** Mittleres Wandertempo (reine Gehzeit, ohne Pausen)
- **Koordinatenangaben der POIs:**
  Wir geben UTM-Koordinaten der Zone 32 U WGS 84 an. Dieses System nutzen alle offiziellen Karten der Landesvermessungsämter. Für die Pkw-Navigationsgeräte geben wir für die Park-/Startplätze die geografischen Koordinaten in Breite/Länge (hddd°mm'ss.s) an. Diese können von den meisten gängigen AutoNavis verwendet werden. In den Outdoor GPS-Geräten sowie auf PCs und mobilen Geräten können die Koordinatensysteme entsprechend eingestellt werden.

- **Kalorienberechnung:** Für jede Etappe wird der Kalorienverbrauch angegeben. Dieser wird unter Berücksichtigung von Entfernung, Aufstieg, Zeit, Geschlecht, Alter, Gewicht und Körpergröße für zwei Beispielpersonen berechnet (Mann: 50 Jahre, 175 cm, 70 kg; Frau: 50 Jahre, 165 cm, 60 kg). Ihre persönliche Berechnung können Sie unter www.schoeneres-wandern.de durchführen. Die Kalorienberechnung ist für Mittelgebirgstouren optimiert.

- **Allgemeine Infos:**
  Projektbüro Traumpfade
  www.traumpfade.info

- In den Detailkarten sind die korrespondierenden längeren Traumpfade in Orange dargestellt. Ausführliche Beschreibung aller Traumpfade in der aktuellen Jubiläumsausgabe.

QR-Code
▶ mit App: Tour laden ▶ S. 135
▶ ohne App: Startpunkt ▶ S. 137

scanto**go**®

RHEIN-HUNSRÜCK

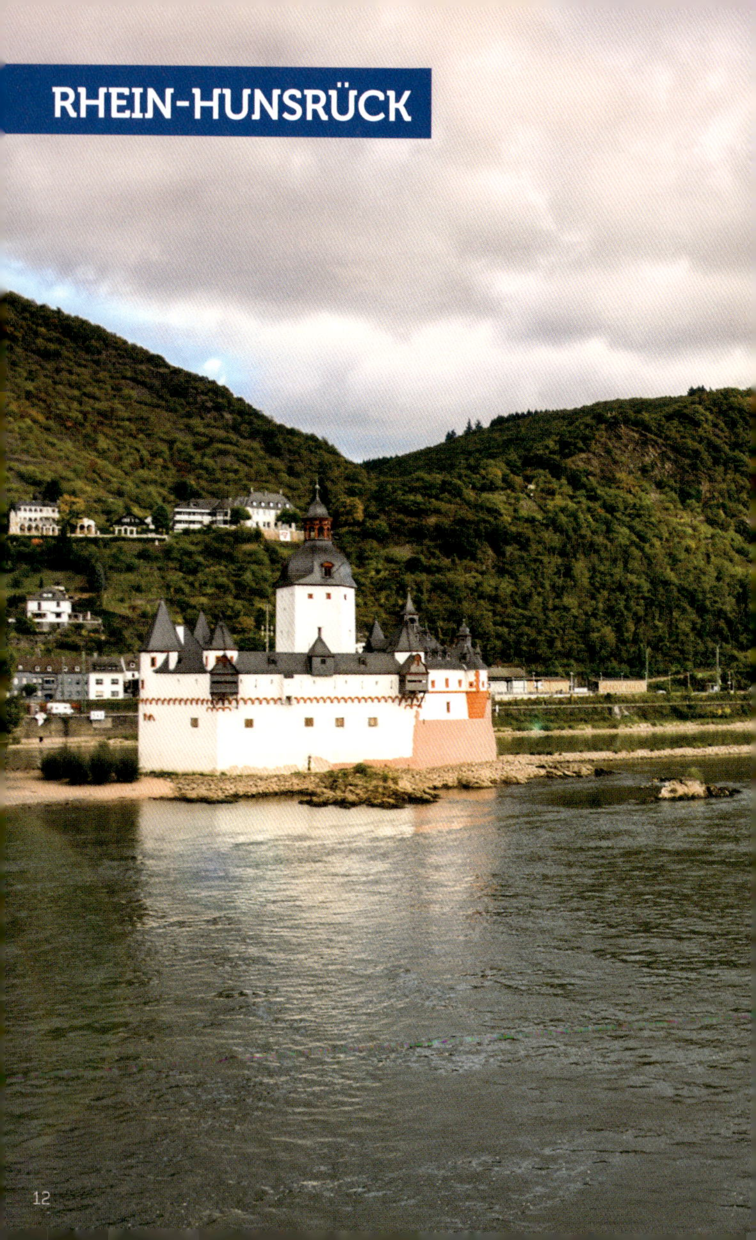

Filmreife Szenenwechsel

6.3 km	2ʰ 15ᵐⁱⁿ	120 ↑▲↓	502 ▲	435 ♀ 🍎 511 ♂	👟👟👟👟 ⬇ PSW2X111

Start/Ziel: Pfalzfeld, Abzweig Schinderhannes-Radweg

Anfahrt: A 61 bis Pfalzfeld, über L 215 und K 100 zum Sportplatz am Ortsausgang (Richtung Hausbay). Zuweg zum Traumschleifchen (ca. 500 m).

Parken: Sportplatz Pfalzfeld
N50° 06′ 34.4″ • E7° 34′ 15.4″

Wegpunkte:
P1 Ortsrand Pfalzfeld
   32 U 398160   5551846
P2 Schinderhannes-Schutzhütte
   32 U 398059   5551191
P3 Campingplatz Am Mühlenteich
   32 U 397895   5550478
P4 Hunsrück-Panoramablick
   32 U 397893   5550259
P5 Pfalzfelder Marktplatz
   32 U 398852   5550650
P6 Obelisk
   32 U 398287   5551868

scan to go®

L214
≈ 6 km
Emmelshausen
0.5 km
Pfalzfeld
K100
P1
Ortsrand Pfalzfeld
P6
Obelisk
Hausbay
Industriegebiet
K99
L214
P2 Schinderhannes-Schutzhütte
P5 Pfalzfelder Marktplatz
Campingplatz Am Mühlenteich
P3
Lingerhahn
P4 Hunsrück-Panoramablick
L214
L216
K38
10%
18%
72%

600
550
500
450
400
m
P1:Ortsrand Pfalzfeld
P2:Schinderhannes-Schutzhütte
P3:Campingplatz Am Mühlenteich
P4:Hunsrück-Panoramablick
P5:Pfalzfelder Marktplatz
P6:Obelisk
P1:Ortsrand Pfalzfeld
km 1 2 3 4 5 6 6,3
Std. 20min 50min 55min 1h25min 2h10min 2h15min

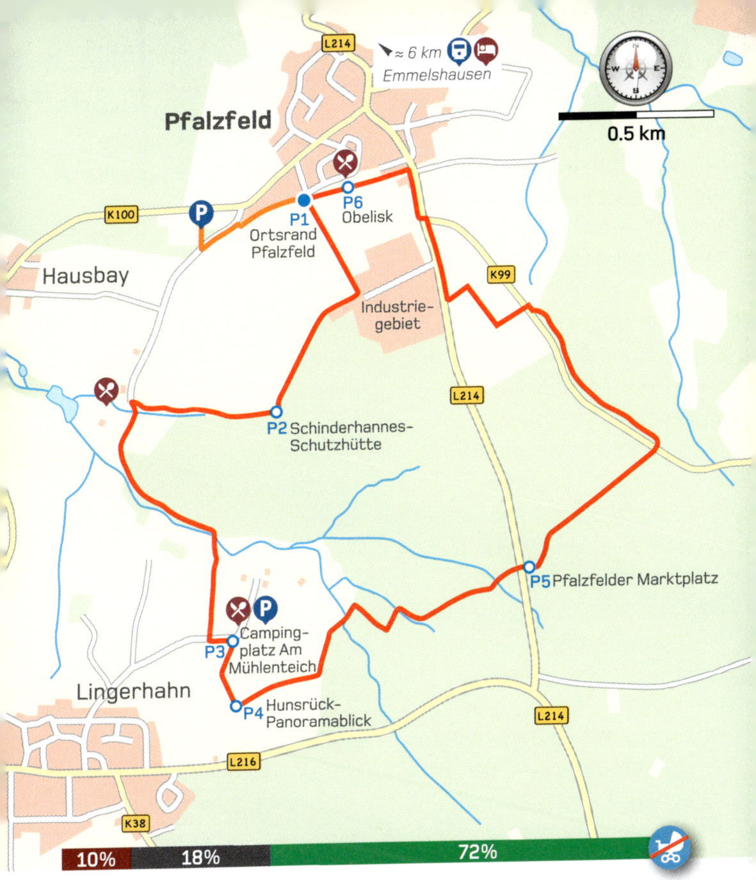

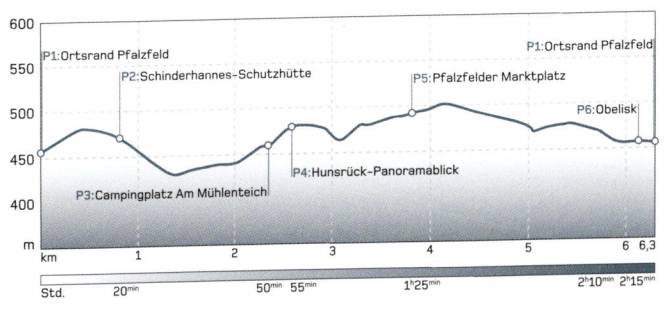

Abwechslungs- und aussichtsreich führt das Traumschleifchen Baybachquellen nicht nur zu immer wieder beeindruckenden Panoramen, sondern auf sanften Pfaden auch durch vielfältigen Wald. Unterwegs laden zahlreiche Bänke zum Verweilen ein – und gleich drei Einkehrmöglichkeiten unweit der Route sorgen fürs leibliche Wohl.

Vom Parkplatz am Sportplatz von Pfalzfeld geht es über einen Feldweg zum nahen Schinderhannes Radweg. Diesem folgen wir nach links, bis wir am Ortsrand auf den Startpunkt und ersten Wegweiser (1) unserer Tour auf dem Traumschleifchen Baybachquellen stoßen. Da wir den Weg gegen den Uhrzeigersinn absolvieren möchten, um die Gastronomie am Obelisken am Ende genießen zu können, verlassen wir an dieser Stelle den Radweg und wenden uns rechts dem ansteigenden Feldweg zu. Kaum sind wir ein paar Schritte bergan gelaufen, können wir links den historischen Wasserturm bewundern. Beachtlich ist auch der Ausblick in die Umgebung, denn weit und offen breitet sich die beeindruckende Hunsrücklandschaft um uns herum aus.

Die Perspektive wird noch deutlich besser, nachdem wir den ersten Aufstieg beendet haben und rechts auf einen Feldweg abgebogen sind. Wir passieren einige oberhalb gelegene Häuser und erreichen den nahen Waldrand, an dem nach nur 0.5 km eine erste und urbequeme Sinnesbank zum Verweilen und „Fern-Sehen" einlädt.

Doch lange verweilen wir nicht, denn wir sind neugierig, was uns der Weg noch bieten wird. Also folgen wir bei herrlicher Aussicht dem Waldrand sanft abwärts, bis wir wieder auf den Schinderhannes Radweg stoßen. Hier empfängt uns die Schinderhannes-Schutzhütte (2), die einen netten Pausenplatz bietet.

Wir queren den Radweg, wandern geradeaus am Waldrand

Entspannte Rast mit Weitblick

entlang weiter und verlieren dabei kontinuierlich an Höhe. Langsam wandelt sich die Wegumgebung: Wiesen und Hecken begleiten uns, bis wir nach **1.3 km** an einem Querweg auf den nächsten Wegweiser stoßen.

Rechts führt ein Zuweg zum Campingplatz Schinderhannes, während sich unsere Route nach links fortsetzt. Gemütlich wandern wir auf dem leicht befestigten Weg am Rand des ersten Campingplatzes auf der Runde entlang und betreten bald den Wald. Angenehmer Schatten umfängt uns, und schnell gewöhnen wir uns ans schummrige Grün. Bald rieselt neben dem Weg auch ein erstes kleines Rinnsal.

Wir lassen den Campingplatz hinter uns, passieren eine Bank und gewinnen ganz sachte an Höhe. Doch schon ist es wieder Zeit für den nächsten Szenenwechsel: Wir queren den mittlerweile etwas mächtigeren Bachlauf und treten in die offene Flur hinaus. Links begleiten uns dichte Hecken, die den zweiten Campingplatz auf der heutigen Tour umgeben. Nach kurzem Anstieg treffen wir auf die asphaltierte Zufahrt und wenden uns nach links. Kurz darauf stehen wir am großen Portal des Campingplatzes Am Mühlenteich **[3]**, wo nach **2.4 km** auch eine Gastronomie zur Einkehr lockt. Zudem gibt es hier eine Bank sowie eine Übersichtstafel zum Wegverlauf.

Wir setzen die Wanderung mit einem kurzen Anstieg durch die Felder fort. Rasch erreichen wir aber einmal mehr den Schinderhannes Radweg und freuen uns sehr über die bereitstehende Sinnesbank Nummer 2, die es uns ermöglicht, den nächsten grandiosen Hunsrück-Blick (4) entspannt und bequem zu genießen.

Wir wandern weiter und sind voller Lob für die Wegeplaner, die uns nicht etwa auf dem Radweg wandern lassen, sondern dafür einen parallelen Graasweg ausgesucht haben. So lässt es sich ohne rollende Konkurrenz gut gehen.

Am nahen Waldrand schickt uns unweit einer Bank der nächste Wegweiser links talwärts. Kurz bevor wir wieder unter das Blätterdach des Laubmischwaldes schlüpfen, passieren wir eine weitere Bank – Ruhegelegenheiten gibt es auf dieser Tour wirklich reichlich!

Im Wald macht uns nach wenigen Schritten eine Tafel am Wegesrand auf einen kleinen Wasserlauf aufmerksam. Es ist einer der Quellbäche des Baybachs, der noch sehr junge Pfalzfelder Bach. Im weiteren Verlauf speist er das beliebte Schwimmbad im benachbarten Campingplatz.

Wo geht´s lang?

Traumschleifchen
Saar-Hunsrück
Baybachquellen
= WEGE 2 bis 6 km

Wir wandern weiter und lassen uns von den stattlich gewachsenen und beeindruckenden Buchen in Bann schlagen, deren dicke Stämme den Weg flankieren. Mit einem Schlenker gelangen wir zum wenige Meter oberhalb verlaufenden Radweg und folgen diesem für knappe 100 m nach links. Dann führt uns ein kleiner Steg ins angrenzende Waldgebiet. Anfangs wandern wir noch auf normalem Waldpfad, doch schon bald dürfen wir auf einem eingesäumten Holzpfad durch einen reizvollen Birken-Feuchtwald sanft bergan laufen. Die Vegetation zeigt nun deutlich, dass wir uns hier in einem Quellgebiet

aufhalten. An einer Waldlichtung übernimmt wieder höherer Mischwald die Regie, und wir wandern geradeaus weiter.

Noch immer geht es fast unmerklich aufwärts, das bleibt auch so, als wir in einer Wegkurve einfach geradeaus auf einem Pfad Richtung Straße laufen. Aufmerksam queren wir nach **3.8 km** die Straße und erhalten dann auf der großen Waldwiese des „Pfalzfelder Marktplatzes" **(5)** die nächste Rastgelegenheit. Erstmals fand hier im 15. Jahrhundert ein Markt (ursprünglich zur Kirchweih) statt. Seit 1988 wird jeweils

Durchatmen im Fichtenwald

am 2. Augustwochenende diese Tradition hier mitten im Wald fortgesetzt.

Vom (Wald-)Marktplatz führt uns ein weicher Weg durch eine herrliche Nadelwaldpassage, tief atmen wir die würzig duftende Luft ein. Viel zu schnell ist dieses Waldvergnügen zu Ende, denn wir erreichen einen breiten Forstweg und biegen rechts ab. Nun sind es nur noch wenige Höhenmeter, dann haben wir den höchsten Punkt unserer Tour mitten im Wald unspektakulär überschritten. Wenig später treffen wir an einer kleinen Straße ein, queren sie und wenden uns an einem Wegweiser nebst Bank nach links. Holzschnitzel sorgen für gutes Vorankommen im niedrig gewachsenen, von Nadelbäumen dominierten Wald. Erst im hohen Buchenwald spüren wir wieder normalen Waldboden unter den Sohlen. Allerdings nicht lange, denn nach **5 km** stoßen wir auf einen Forstweg, dem wir links zur nahen Straße folgen. Nun lassen wir den Wald

endgültig hinter uns, queren die Straße und wandern auf einem Feldweg bergan. Die folgenden Richtungswechsel überstehen wir dank guter Markierung ohne Probleme und können uns daher ganz der weiten Aussicht widmen. Unmerklich gewinnen wir dabei auch an Höhe und schließlich treffen wir am Bankett der nächsten Straße ein. Doch erneut nutzt unser

Steg am Schinderhannes-Radweg

Traumschleifen einen parallel verlaufenden Grasweg, der vorbei an Apfelbäumen zum nächsten Höhepunkt der Wanderung führt: An der Kreuzung von L 214 und K 99 lädt auf einer Anhöhe nach **5.7 km** die letzte Sinnesbank zum Verweilen und Ausschau-halten ein. Das lassen wir uns trotz der umgebenden Straßen nicht entgehen, denn außer dem Wasserturm ist auch eine herrliche Aussicht auf die Umgebung zu bewundern.

Nach der Pause queren wir zunächst die K 99, laufen zur L 214 und queren auch diese. Ein Grasweg führt uns nun zum nahen Ort, wo wir bald wieder auf den Schinder-hannes-Radweg stoßen. Wir biegen links auf den Radweg ab und passieren den alten - in Privatbesitz befindlichen - Bahnhof mit seinen in die Jahre gekommenen Schlafwagen. Gleich danach zieht

der Obelisk [6] von Pfalzfeld unseren Blick magisch an. Kaum zu glauben, dass dieses Kunstwerk aus der Keltenzeit stammt. Eine Tafel bringt uns die wechselvolle Geschichte des Obelisken näher. Nun sehen wir voraus bereits wieder den ersten Wegweiser der Tour, an dem wir unsere Wanderung begonnen haben. Doch bevor sich dort der Kreis schließt, gibt uns die neue Gastronomie Gelegenheit zur gemütlichen Schluss-einkehr. Gestärkt laufen wir dann noch die letzten Meter und nutzen ab dem Wegweiser [1] nach **6.3 km** wieder den Zuweg zum Parkplatz.

⫙/ FAZIT

Der Weg verlangt keine besonderen Fähigkeiten und nur normale Kondition. Festes Schuhwerk ist aber aufgrund der Naturweganteile besonders bei feuchter Witterung oder im Winter empfehlenswert. Die empfohlene Gehrichtung für diesen Weg ist gegen den Uhrzeigersinn.

Schlüsselstellen: Der Weg weist keine besonders anspruchs-vollen Schlüsselstellen auf.

1 INFOS

 Tourist-Info am ZAP, Rhein Mosel-Str. 45, 56281 Emmelshausen, ☎ 06747/93220, ⏰ www.rhein-mosel-dreieck.de

Erlebnisgastronomie Gleis 3, Raiffeisenstrasse 19, 56291 Pfalzfeld, ☎ 06746/8029703
■ Campingplatz Schinderhannes, 56283 Hausbay, ☎ 06746/5005440, ⏰ www.countrycamping.de
■ Campingplatz am Mühlenteich, 56291 Lingerhahn, ☎ 06746/533, ⏰ www.muehlenteich.de

Hotel Münster, Waldstr. 3a, 56281 Emmelshausen, ☎ 06747/93940, ⏰ www.hotel-muenster.de
■ Hotel Waldfrieden, Bopparder Str. 12a, 56281 Emmelshausen, ☎ 06747/244, ⏰ www.hotel-waldfrieden-emmelshausen.de

Boppard ist mit der Deutschen Bahn gut erreichbar. Von Boppard aus kann man mit der Hunsrückbahn bis Emmelshausen fahren. Von Emmelshausen gelangt man auch am Wochenende mit der Buslinie 625 (Richtung Kastellaun) nach Pfalzfeld. ⏰ www.vrm.info

 Campingplatz Schinderhannes, 56283 Hausbay, ☎ 06746/5005440, ⏰ www.countrycamping.de
■ Campingplatz am Mühlenteich, 56291 Lingerhahn, ☎ 06746/533, ⏰ www.muehlenteich.de

Taxi Huet, Rhein-Mosel-Str. 12, 56281 Emmelshausen, ☎ 06747/1500, ⏰ www.taxi-huet.de

Hunde können die Tour problemlos laufen. Unterwegs gibt es nur einmal Zugang zu einem nicht immer wasserführenden Bach.

Premium–Wanderwege in der Nähe:
■ TS Oberes Baybachtal, Reifenthal, Länge: **15.3 km**
■ TS Rabenlay, Gondershausen, Länge: **16.6 km**

Der Wasserturm bei Pfalzfeld ist nicht nur eine perfekte Land-
marke für die Wanderung auf dem Traumschleifchen Baybachquellen. Er ist auch Zeuge der mittlerweile fast in Vergessenheit
geratenen Bahnhistorie der Region. Denn einst verkehrten zwischen Simmern und Boppard Züge, deren Dampfloks an Wasser-
türmen wie dem in Pfalzfeld das zur Dampfgewinnung notwendi-
ge Wasser bunkern konnten. Der Pfalzfelder Turm versorgte bis
1960 über zwei Wasserkräne die Loks mit dem wichtigen Nass.
Mit der Einstellung der Bahnlinie verloren sowohl der Wasserturm als auch der Bahnhof in Pfalzfeld ihre Bedeutung. Heute
ist lediglich der Abschnitt zwischen Emmelshausen und Boppard
noch im Regelbetrieb.

Wer mehr über die Hunsrückbahn erfahren möchte, kann dem
zwischen Mai und Anf. Oktober geöffneten Hunsrückbahnmuse-
um in Emmelshausen einen Besuch abstatten.

(Infos unter ⏱ www.museum.lochris.de).

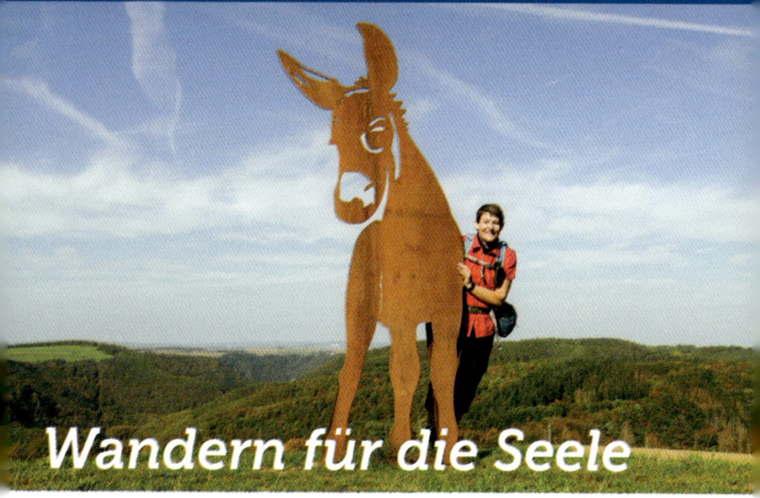

Wandern für die Seele

3.3 km	**1ʰ 15ᵐⁱⁿ**	**93** ↑▲▲↓	**332** ▲	**249** ♀ 🍎 **293** ♂	👟👟👟👟

⬇ PSW2X21X

Start/Ziel: Parkplatz Morshausen, Jakob-Kneip-Straße 34

Anfahrt: A 61 bis zur Ausfahrt
Emmelshausen, über die L 206
nach Morshausen. Dort befindet
sich am Ortsrand an der Jakob-
Kneip-Eiche ein großer Wanderparkplatz.

Parken: Jakob-Kneip-Str.
N50° 11' 22.3'' • E7° 26' 06.8''

Wegpunkte:
P1 Parkplatz Morshausen
   32 U 388301   5560875
P2 Bürgerhalle Morshausen
   32 U 388646   5561138
P3 Stahlesel
   32 U 387991   5560972
P4 Ausblick Nord
   32 U 387682   5560662
P5 Ausblick West
   32 U 387628   5560579
P6 Ausblick Süd
   32 U 387897   5560496
P7 Eifelblick
   32 U 388185   5560630

scan to go®

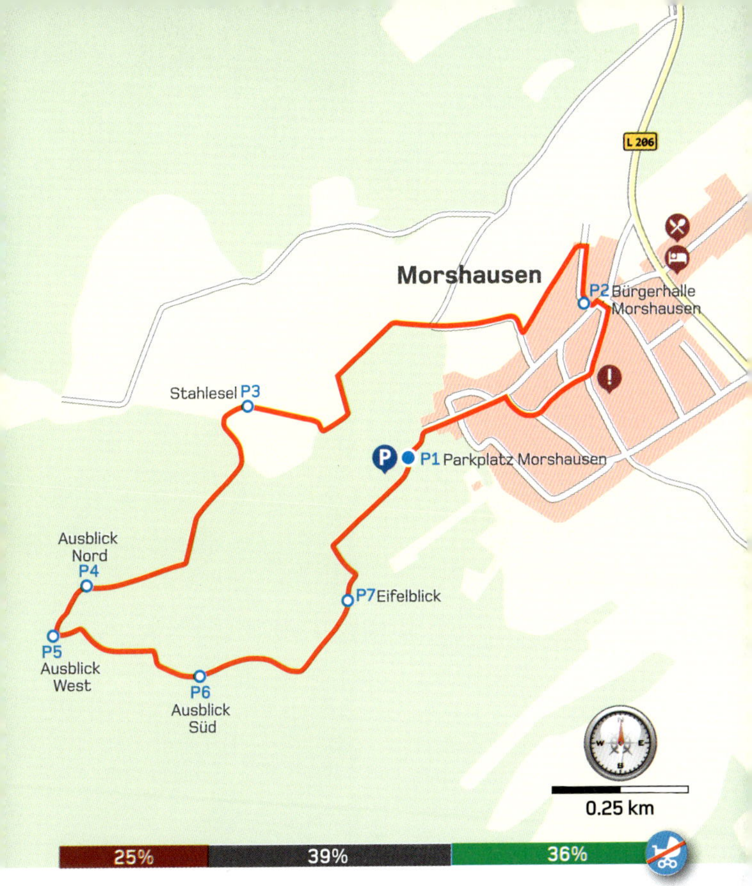

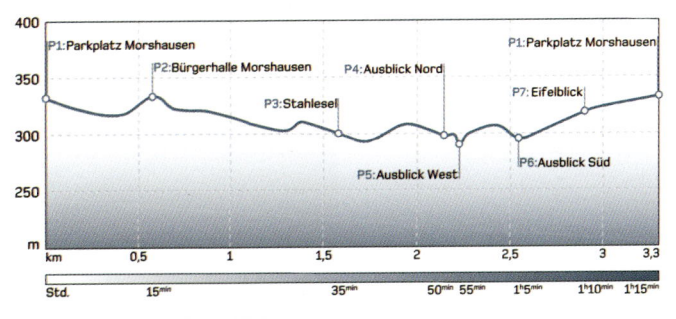

L 206
Morshausen
P2 Bürgerhalle Morshausen
Stahlesel P3
P1 Parkplatz Morshausen
Ausblick Nord
P4
P7 Eifelblick
P5
Ausblick West
P6
Ausblick Süd
0.25 km
25%
39%
36%

400
350
300
250
m
P1: Parkplatz Morshausen
P2: Bürgerhalle Morshausen
P3: Stahlesel
P4: Ausblick Nord
P5: Ausblick West
P6: Ausblick Süd
P7: Eifelblick
P1: Parkplatz Morshausen
km
0,5
1
1,5
2
2,5
3
3,3
Std.
15min
35min
50min
55min
1h5min
1h10min
1h15min

Die Murscher Aussichten werden ihrem Namen mehr als gerecht. Dieser sehr reizvolle und abwechslungsreiche Spazierwanderweg präsentiert nach pittoresker Ortspassage viele grandiose Aussichten über Hunsrück und Moseltal. Ruhige Waldabschnitte und idyllische Rastgelegenheiten geben uns ausgiebig Gelegenheit zum Verweilen, Träumen und die Seele baumeln lassen.

Am großen Waldparkplatz am Ende der Jakob-Kneip-Straße in Morshausen (1) beginnen wir unsere Rundtour auf dem Traumschleifchen Murscher Aussichten. Gemeinsam mit dem „großen Bruder", der Traumschleife Murscher Eselsche, laufen wir vorbei an der mächtigen und beeindruckenden Jakob-Kneip-Eiche in den kleinen Ort. Dort biegen wir rechts in die Kirchstraße und schlendern im Bogen an herausgeputzten Fachwerkhäusern vorbei zur Kirche. Beim nächsten, mit auffallend rotem Fachwerk ausgestatteten Haus handelt es sich um das Backhaus der Gemeinde („Backes"), das zudem das Jakob-Kneip-Museum

Ausblick Süd

beherbergt, welches das Lebens-
werk des Dichters würdigt.

Wir wenden uns nach links und
wandern durch die Kornstraße
bergan zu einer großen Kreuzung
mit Dorflinde und Bushaltestelle.
Hier befinden sich nach **0.6 km**
auch die Bürgerhalle **(2)** und der
offizielle Startpunkt der begleitenden Traumschleife.

Wir passieren die Bürgerhalle und
laufen rechts auf den „Engen Weg"
Richtung Ortsrand. Dort stoßen wir
an einem Wegweiser auf den Saar-
Hunsrück-Steig und biegen scharf
links auf einen grasigen Weg ab.
Vorbei an einer ersten Sinnesbank
mit schöner Aussicht geht es nun
unterhalb der Bebauung erstmals durchs Grüne. Am nächsten
Querweg halten wir uns rechts und
verlieren auf dem asphaltierten
Sträßchen etwas an Höhe. In einer
Kurve beäugt uns vom Wegesrand ein hölzerner Esel, der das
Wahrzeichen der Traumschleife
„Murscher Eselsche" verkörpert.

Wir verlassen den Asphalt und
wenden uns links dem Wald zu. Doch
lange bleiben wir nicht auf dem
breiten Waldweg, denn schon nach

Am Stahlesel

Herrliches Hunsrückpanorama

50 m schicken uns die Logos rechts auf einen gewundenen Waldpfad. Lange dauert diese erste Berührung mit dem Wald nicht, denn schon nach **1.3 km** haben wir den Waldrand erreicht und laufen nun links bergan zum nächsten Forstweg. Dort wenden wir uns nach rechts, lassen den Blick weit in Richtung Baybachtal schweifen und wenden uns bei erster Gelegenheit erneut rechts einem leicht befestigten Feldweg zu. Vorbei an einer aussichtsreichen Bank und ersten Infotafeln gehen wir durch offene Flur sanft bergab. Voraus erspähen wir bereits den nächsten Wegweiser. Doch was ist das daneben? Bei näherer Betrachtung erkennen wir einen gewaltigen Stahlesel (**3**), der neben einer urigen Baumstamm-

bank auf der grünen Wiese steht und fröhlich auf uns Wanderer blickt. Neben dem tierischen Gesellen lässt es sich auf der urigen Bank hervorragend rasten (und fotografieren!), zumal die Aussicht, die sich von der Bank aus eröffnet, einfach sagenhaft schön ist.

Logisch, dass uns bei so einem Panorama das Weiterwandern schwerfällt, doch die Neugier auf die bevorstehenden „Murscher Aussichten" siegt. Wir verabschieden uns von der bisher begleitenden Traumschleife und biegen zusammen mit dem Saar-Hunsrück-Steig links auf einen Wiesenweg ab. Vorbei am Stahlesel laufen wir zum nahen Wald und tauchen unters schattige Blätterdach ab.

Tritthölzer im Wald

Nach den beeindruckenden Aus- und Weitsichten genießen wir das beschauliche Waldwandern besonders. Weich federt der Waldweg unter unseren Sohlen, und im Geäst des abwechslungsreichen Mischwaldes sind im Frühling die gefiederten Bewohner besonders munter. Nach **1.9 km** mündet unser Waldweg auf einen breiten Forstweg, auf dem auch wieder die Traumschleife verläuft. Dreifach geführt, biegen wir rechts ab und nähern uns dem nächsten Höhepunkt. Den erreichen wir nach sanftem Abstieg nach **2.2 km**: An der Aussicht Nord **(4)** erwarten uns eine Tafel und eine Bank samt urigem Wandergesellen, um den schönen Ausblick Richtung Moseltal in Ruhe auskosten zu können.

Bei klarer Sicht erkennen wir sogar Burg Bischofstein auf dem anderen Moselufer.

Beschwingt wandern wir den Pfad wieder bergan und folgen dem bald breiten Waldweg weiter durch den Laubmischwald. Lange müssen wir uns nicht gedulden, dann dürfen wir erneut rechts auf einen Stichpfad abbiegen. Der senkt sich deutlich ab und führt uns zur nächsten Bank an der Aussicht West (5). Diesmal gibt das Waldfenster einen schönen Blick frei zum Baybachtal und auf die angrenzenden Hunsrückhöhen rund um Macken.

Nach einer kurzen Pause folgen wir dem Pfad wieder bergan zum breiten Weg und biegen rechts auf diesen ab. Kurz können wir wieder entspannt auf bequemem Weg wandern, dann erreichen wir den nächsten Wegweiser, an dem alle drei Wege rechts auf einen Pfad abknicken. Angekündigt wird der Baybachblick, was uns sehr neugierig macht: Kann die nächste Aussicht die anderen noch toppen?

Die Antwort bekommen wir am Ende einer tollen Pfadpassage nach **2.6 km**, als wir an der Aussicht

Logos zur Orientierung

Süd (6), dem Baybachblick, eintreffen. Und ja, es ist noch einmal eine Erlebnissteigerung, denn wahlweise können wir von einem der drei Rastplätze, der Bank oder der urbequemen Sinnesbank aus den grandiosen Ausblick genießen. Auch ein Mini-Holzesel darf in dieser Idylle natürlich nicht fehlen, und so kosten wir in tierischer Gesellschaft diese herrliche „Murscher Aussicht" in vollen Zügen aus. Wer einen scharfen Blick hat und klares Wetter erwischt, wird an den Hängen des Baybachtales sogar die Ruine Waldeck erspähen können. Nach sehr ausgiebiger Rast (und Fotopause) setzen wir die Wande-

Jakob-Kneip-Eiche

Gemächlich aber stetig gewinnen wir an Höhe. Als der Anstieg deutlich abflacht, erwartet uns rechts des Weges noch ein letzter schöner Ausblick (7). Auch eine Bank zum Ausruhen steht bereit, und so können wir auch diesen Fernblick nach **2.9 km** noch einmal entspannt genießen. Anschließend wandern wir noch etwa 100 m weiter, bevor wir scharf links auf einen Stichpfad wechseln. Der führt uns durch dichten Jungwald zu einem Querweg, auf dem erneut die Traumschleife verläuft. Wir wenden uns nach rechts und legen nun ganz gemütlich die letzten Meter zum Parkplatz zurück. Nach **3.3 km** ist es dann so weit. Wir stehen wieder im Schatten der riesigen Jakob-Kneip-Eiche am Rand des Parkplatzes (1) und beenden unsere kurze, aber enorm sehenswerte Rundtour „Murscher Ausichten".

rung begeistert fort und dürfen dazu noch ein Stück dem urigen Pfad folgen. Doch dann trifft der auf einen breiten Wirtschaftsweg. An dieser Stelle laufen wir links bergan, während Saar-Hunsrück-Steig und Traumschleife rechts abbiegen.

👣 FAZIT

Die Tour ist sehr leicht und ohne besondere Kondition zu bewältigen. Wegen des Pfad- und Naturweganteils sind feste Schuhe sinnvoll.

Schlüsselstellen: Der Weg weist keine besonderen Schlüsselstellen auf.

Tourist-Info am ZAP, Rhein Mosel-Str. 45, 56281 Emmelshausen, ✆ 06747/93220, ⏱ www.rhein-mosel-dreieck.de

Gasthaus Schmitt, Jakob-Kneip-Straße 1, 56283 Morshausen, ✆ 02605/4479, ⏱ www.gasthausschmitt.de

Hotel & Restaurant Forellenzucht, Im Baybachtal, 56332 Burgen / Macken, ✆ 02605-4640, ⏱ www.hotel-forellenzucht.de

Von Emmelshausen gelangt man mit den Buslinien 628 und 629 nach Morshausen. Weitere Informationen unter: ⏱ www.vrminfo.de

Camping-Mobilheimpark „Am Mühlenteich", 56291 Lingerhahn / Hunsrück, ✆ 06746/533, ⏱ www.muehlenteich.de

Taxi Huet, Rhein-Mosel-Str. 38, 56281 Emmelshausen, ✆ 06747-597059

Taxi Kroth, Ringstr. 5, 56281 Emmelshausen, ✆ 06747-258

Hunde können den Weg problemlos absolvieren, unterwegs gibt es keinen Zugang zu Wasser.

Premium–Wanderwege in der Nähe:

■ Traumschleife Murscher Eselsche, Morshausen, Länge: **10.8 km**
■ Saar-Hunsrück-Steig, Länge: **406 km**, Perl - Mettlach - Keller Steg – Trier – Idar-Oberstein - Boppard

Jakob Kneip, 1881 in Mors-
hausen geboren, ist der wohl
berühmteste Einwohner
dieses Hunsrückortes. Schon
während des Studiums in
Trier, Bonn, London und Paris
verfasste er erste Gedichte
und Erzählungen. Von 1921 bis
1929 arbeitete Kneip als Leh-
rer, schied aber aufgrund sei-
ner antipreußischen Haltung
frühzeitig aus dem Dienst aus.
1926 war er Mitbegründer
des Rheinischen Dichterbun-
des. In den Dreißigerjahren
lebte er in Köln.

Der zunehmende Druck durch das nationalsozialistische Regime
veranlasste seinen Umzug in die Eifel. Nach dem 2. Weltkrieg
entstanden weitere bedeutende Essays, Erzählungen und Ge-
dichte. 1956 wurde Jakob Kneip mit dem Bundesverdienstkreuz
ausgezeichnet.

Er starb 1958 bei einem Eisenbahnunfall. In seinem Geburtsort
Morshausen ist die Erinnerung an ihn sehr lebendig. Besonders
die kleine, aber sorgsam zusammengetragene Ausstellung im
Jakob-Kneip-Museum (untergebracht im „Backes", dem alten
Backhaus der Gemeinde) ist einen Besuch wert.

Jakob-Kneip-Museum Morshausen: Geöffnet jeden 1. Sonntag
im Monat 14-16 Uhr und nach telefonischer Vereinbarung
(✆ 02605-4576 oder -1865 oder -1682).

Wunderbares Welterbe

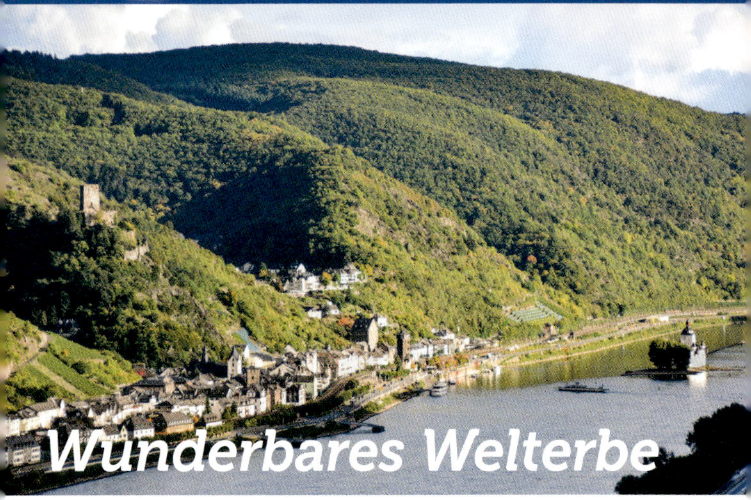

6.1 km	2ʰ 15ᵐⁱⁿ 🕐	153 ↑▲▲↓	330 ▲	447 ♀ 🍎 525 ♂	👟👟👟👟

⬇ PSW2X3X9

● **Start/Ziel:** Parkplatz Gemeindehaus Langscheid

🚗 **Anfahrt:** B 9 bis Bacharach, weiter auf K 21 bis Langscheid. Oder von Oberwesel über K 89 zum Parkplatz Pfalzblick oder bis Langscheid. Von den Parkplätzen sind Zuwege ausgeschildert.

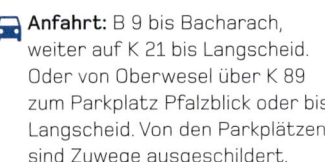

scan∘to∘go®

Ⓟ **Parken:** Gemeindehaus Langscheid
N50° 04′ 46.0″ • E7° 44′ 42.6″
Parkplatz nahe Pfalzblick an K 89
N50° 05′ 33.1″ • E7° 44′ 39.0″

📍 **Wegpunkte:**
P1 Gemeindehaus Langscheid
32 U 410218   5548219
P2 Tripelpunkt
32 U 410525   5548474
P3 Rastplatz Uff'm hinner Beil
32 U 410262   5548988
P4 Abzweig Parkplatz Pfalzblick
32 U 410137   5549051
P5 Sauzahn-Hütte
32 U 410957   5548901
P6 Rastplatz Grube Rhein
32 U 411276   5548475

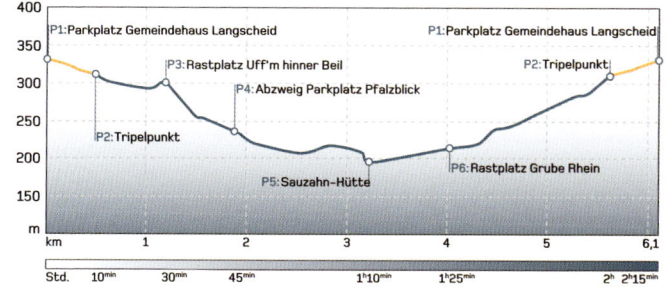

≈ 4 km

K 89
P Oberwesel

W N E S
0.25 km

B 42
Kaub
L 339

B 9
Rhein

K 89
P4
Abzweig
Parkplatz
Pfalzblick
P3 Rastplatz Uff'm hinner Beil

P5
Sauzahn
Hütte

Rastplatz
Grube
Rhein
P6

Tripelpunkt P2

Grube
Rhein

K 89
Langscheid

K 88
P1 Parkplatz Gemeindehaus
P Langscheid
K 21
Henschhausen

11%   38%   51%

400
350 P1:Parkplatz Gemeindehaus Langscheid   P1:Parkplatz Gemeindehaus Langscheid
300   P3:Rastplatz Uff'm hinner Beil   P2:Tripelpunkt
250   P2:Tripelpunkt   P4:Abzweig Parkplatz Pfalzblick
200
150   P5:Sauzahn-Hütte   P6:Rastplatz Grube Rhein
m
km   1   2   3   4   5   6,1

Std. 10min   30min   45min   1h10min   1h25min   2h 2h15min   35

Das Traumschleifchen Pfalzblick bietet nahezu alles, was das Welterbe „Oberes Mittelrheintal" auszeichnet: herrliche Weitblicke, lauschige Gehölz- und Waldpassagen, grandiose Rastplätze. Und immer wieder liegen trutzige Burgen im Blickfeld, wobei das Highlight die Zollburg Pfalzgrafenstein mitten im Rhein ist.

Am Parkplatz beim Gemeindehaus Langscheid **(1)** empfängt uns nicht nur ein erster Zuwegungswegweiser, sondern auch eine übersichtliche Portaltafel des Traumschleifchens Pfalzblick. So bekommen wir rasch einen ersten Überblick und entschließen uns daraufhin, die Tour im Uhrzeigersinn zu absolvieren – so fallen die Steigungen etwas gemächlicher aus. Vom Parkplatz folgen wir dem Wegweiser in die offene Flur und genießen vom bequemen Feldweg einen ersten herrlichen Weitblick.

An der ersten Feldwegkreuzung schickt uns das Logo an einem Markierungspfosten nach links. Kurz darauf stoßen wir auf einen asphaltierten Wirtschaftsweg, dem wir rechts sanft bergab zum Tripelpunkt **(2)** der Tour folgen. Hier treffen wir nach **0.5 km** auf das eigentliche Traumschleifchen. Wir wollen zunächst zum Aussichtspunkt „Uff'm hinner Beil" und biegen daher links auf einen grasigen Feldweg ab. Bald säumt niedriges Gebüsch unseren Weg, und eine erste Bank bietet Gelegenheit zum Verweilen. Vor uns breitet sich eine Wiese aus, und durchs Geäst der unterhalb angrenzenden Bäume erspähen wir die Burg Gutenfels am gegenüberliegenden Rheinufer.

Entspannt wandern wir fast ohne Höhenunterschied weiter und passieren dabei einen Schatten spendenden Gehölzriegel, was an heißen Sommertagen hochwillkommen ist. Wenig später weicht das Gebüsch zurück, und nun geht es zwischen Hecken und Feldern voran. Nach **1.2 km** treffen wir am nächsten Wegweiser ein, der uns erneut in die Gehölzzone schickt. Doch bevor wir dort rechts den Abstieg beginnen, zieht es uns magisch zu den an der Hangkante bereitstehenden Rastgelegenheiten von „Uff'm hinner Beil" **(3)**: Ein Rastplatz, Bänke und eine urbe-

Aufstieg nach Langscheid

Burg Gutenfels

Wegweisendes Logo

queme Sinnesbank laden uns zur Rast ein. Das lassen wir uns nicht zweimal sagen, zumal der Ausblick Richtung Oberwesel einfach herrlich ist.

Nachdem wir uns vorerst sattgesehen haben, zieht es uns weiter. Und wir werden reich belohnt. Das Traumschleifchen nutzt einen zwar deutlich bergab führenden Naturweg, der bei Nässe gute Trittsicherheit verlangt, führt uns dabei aber durch urigen Eichenniederwald, der typisch für das Obere Mittelrheintal ist. Ginster säumen den Weg, und Moospolster kämpfen auf kargem, teils felsigem Grund ums Überleben. Je tiefer wir kommen, umso dichter und höher wird der Wald, bis wir schließlich nach deutlichem Höhenverlust den Waldrand erreichen und links auf einen Feldweg abbiegen. Nur

wenige Meter später steht schon die nächste einladende Sinnesbank bereit und bietet erneut einen herrlichen Ausblick auf das Rheintal und die Burg Gutenfels.

Wir folgen dem leicht befestigten Weg mit einer Linkskurve zurück in den Wald. Nur noch langsam geht es abwärts, bis wir an einem Wegweiser auf einen weiteren Weg stoßen. Wir befinden uns nun oberhalb des Elligbaches und treffen an dieser Stelle nach **1.9 km** nicht nur auf den mit rotem R auf weißem Grund markierten Rheinburgenweg, sondern auch auf den Zuweg zum Parkplatz Pfalzblick **(4)**. Wir wenden uns nach rechts und genießen Wald und Wiesen im stetigen Wechsel.

Am offenen Wiesenland macht eine Tafel am Wegesrand auf die

An der Sauzahn–Hütte

Lauschiger Wald

Bergbaugeschichte der Region aufmerksam: In der Grube „Josef und Anna" wurde zwischen 1890 und 1915 Dachschiefer abgebaut. Wir setzen unsere Tour fort und biegen kurz darauf an einem Querweg nach links ab. Nur wenige Schritte später tauchen wir unters Blätterdach alter Bäume und stehen am Treppenabgang zur Sauzahn-Hütte (5).

Neben der luftigen Grillhütte laden nach 3.2 km auch gleich drei Rastplätze sowie einige Bänke zur ausgiebigen Rast mit Logenblick ein. Ja, der Blick hat wirklich etwas: Unter uns im Tal strömt majestätisch Vater Rhein, während auf der anderen Rheinseite Burg Gutenfels über Kaub Wache hält. Mittendrin erhebt, umspült von den Wassern des Rheins, die „Pfalz", wie die ehemalige Zollburg Pfalzgrafens-

tein auch kurz genannt wird, ihre stolzen Mauern. Kein Zweifel: An dieser Stelle macht unser Traumschleifchen seinem Namen wirklich alle Ehre. Neben der Naturschönheit und den Burgen schauen wir den Fähren und Schiffen auf dem Rhein nach. Langeweile kommt an diesem idyllischen Ort garantiert nicht auf.

Umso schwerer fällt der Abschied, doch wir sind einfach zu neugierig, was uns noch entlang der Strecke erwartet. So lassen wir die Sauzahn-Hütte hinter uns und wandern auf dem meist grasigen Hangkantenweg weiter. Anfangs umfängt dichtes Gehölz unseren Weg und sorgt für etwas Urwaldatmosphäre, dann bewegen wir uns wieder zwischen Hecken und Wiesen und genießen den freien Blick auf die Umgebung.

Auf dem Rheinplateau

Nach **4 km** erwartet uns der nächste Höhepunkt: Wir haben die Grube Rhein (6) und den Abzweig zur Fähre nach Kaub erreicht und können wahlweise von der Sinnesbank an der Hangkante oder vom Rastplatz den Blick ins Rheintal, zur „Pfalz" und auf die Grube Rhein auskosten. Eine Tafel weist auf den ehemaligen Schieferabbau in der Grube Rhein hin, den wir hier von der Hangkante aus auch heute noch gut nachvollziehen können.

Nach diesem tollen Ein- und Ausblick folgen wir noch etwa 200 m dem Gebüsch der Hangkante, dann heißt es Abschied nehmen vom Rheinburgenweg: Während der weiter an der Hangkante verläuft, biegen wir scharf rechts ab, und wandern über den Wiesenhang.

Lang dauert dieser erste Anstieg nicht, denn bald schwenken wir an einem Markierungspfosten links auf einen fast eben verlaufenden Asphaltweg. Dieser gabelt sich nach **4.6 km**: Links kann man via Zuweg zum 700 m entfernten Hofcafé laufen, unser Traumschleifchen hält sich allerdings rechts.

Nun beginnt der Aufstieg zurück nach Langscheid. Zunächst gestaltet der sich noch gemächlich, und bald steht auch eine Bank zum Verschnaufen bereit. Dann meistern wir eine Spitzkehre nach rechts und erobern nun Schritt für Schritt Höhe. Vorbei an einigen Weiden führt unser Weg bald an abwechslungsreichen Hecken entlang. An einer Bank gibt uns ein kleiner aufgelassener Steinbruch noch

einmal Einblick in das rheinische Schiefergebirge. Danach ist es nicht mehr weit zum Rheinplateau, und wir verlassen die Gehölzzone. Von rechts stößt ein Asphaltweg zu uns, und auf dem harten Belag laufen wir hinauf zum Tripelpunkt (2). Hier wechseln wir nach **5.6 km** wieder auf den Zuweg nach Langscheid. Zunächst wandern wir einfach auf dem Asphalt geradeaus

weiter aufwärts, dann dürfen wir kurz vor einem Bauernhof links auf einen Feldweg abbiegen. Noch einmal genießen wir den weiten Blick über die sanft gewellte Landschaft. Mit einem scharfen Knick nach rechts nehmen wir endgültig Kurs auf unseren Parkplatz, wo wir nach **6.1 km** außerordentlich erlebnisreichen Kilometern diese kurzweilige Spazierwanderung beenden.

🚶 FAZIT

Der Weg verlangt normale Kondition. Festes Schuhwerk ist aufgrund des hohen Naturweganteils wichtig. Wegen des Erlebnispotenzials und des Reliefs empfiehlt es sich, die Tour, wie beschrieben, im Uhrzeigersinn zu absolvieren.

Schlüsselstellen: Der Weg weist keine besonders anspruchsvollen Schlüsselstellen auf. Allerdings sind ein mäßig steiler Abstieg und ein langer Anstieg zu bewältigen.

Tourist-Info am ZAP, Rhein Mosel-Str. 45, 56281 Emmelshausen, ✆ 06747/93220, 🕐 www.rhein-mosel-dreieck.de
■ Tourist-Info Oberwesel, Rathausstr. 3, 55430 Oberwesel, ✆ 06744/ 710624, 🕐 www.oberwesel.de

Hofcafé Oldach, 55422 Henschhausen, ✆ 06743/2657, 🕐 www.ferien-hof-oldach.de
■ Gasthaus Rheingoldschänke, ✆ 06744/508 🕐 www.rheingoldschenke.de
■ Hofcafé Hardthöhe, ✆ 06744/7271, 🕐 www.ferien-hof-hardthoehe.de

Augustin's, Rathausstr. 2, 55430 Oberwesel, ✆ 06744/710070, 🕐 www.augustins-hotelgastro.com
■ Hotel Zur Post, Oberstr. 38, 55422 Bacharach, ✆ 06743/9471830
■ Burghotel Auf Schön-burg, 55430 Oberwesel, ✆ 06744/93930, 🕐 www.burghotel-schoenburg.com

Oberwesel ist mit der Deutschen Bahn gut erreichbar. Von dort Buslinie 684 weiter nach Langscheid (Haltestelle Pfalzgrafenstra-ße). 🕐 www.vrm.info

Wohnmobilstellplatz Stadt Oberwesel, Am Rhein/ B 9, 55430 Oberwesel, ✆ 067 44 / 710624, 🕐 www.oberwesel.de

Taxi Erdmann ✆ 06744/714088
■ Taxi Pabst, ✆ 06744/711191

Der Weg ist für Hunde gut begehbar, allerdings gibt es unterwegs keinen Zu-gang zu Wasser.

Premium-Wanderwege in der Nähe:
■ Schwede-Bure-Tour, Ober-wesel, Länge: **12 km**
■ Stahlbergschleife, Bacha-rach, Länge: **12.6 km**
■ Rheinsteig, Wiesbaden-Bonn, Länge: **320 km**, erreichbar über die Fähre Kaub

Einst sollen sieben wunderschöne Schwestern auf der Schönburg gewohnt und böses Spiel mit den zahlreichen Freiern getrieben haben. Der Sage nach verweigerten sie sich stets den Bewerbern, bis diese drohten, niemals wiederzukommen. Die Schwestern ließen daher verkünden, sie wollten sieben Bewerber durchs Los bestimmen und heiraten. Doch kaum waren die glücklichen Gewinner benannt und in die Frauengemächer eingetreten, mussten sie erkennen, dass die Schwestern gerade mit einem Kahn zu entkommen suchten. Ob die Flucht glückte, ist nicht bekannt. Angeblich zeugen aber noch heute bei Niedrigwasser sieben Felsen im Rhein von den hochmütigen Schwestern. Ob sich diese Geschichte tatsächlich so zugetragen hat, weiß man nicht.

Im 12. Jahrhundert war die Schönburg mit ihren zahlreichen Wohn- und Wehrbauten sowie Türmchen als sogenannte Ganerbenburg erbaut worden und bot mehreren Zweigen einer Familie eine Wohnstatt. Ursprünglich im Besitz des Magdeburger Erzbischofs, fiel die Burg bereits 1166 an Kaiser Friedrich I., der sie zur Reichsburg erhob und verpfändete. Lange Zeit befand sich die Burg dann im Besitz der Herren von Schönburg. Nach mehreren Besetzungen im 30-jährigen Krieg folgte 1689 die komplette Zerstörung. Ende des 19. Jahrhunderts kam es zum teilweisen Wiederaufbau. Heute beherbergt die Burg ein Hotel.

Besichtigung: Burghof kann frei besichtigt werden.
Restaurant: Mo. Ruhetag, 06744/93930

Fern-Sehen vom Feinsten

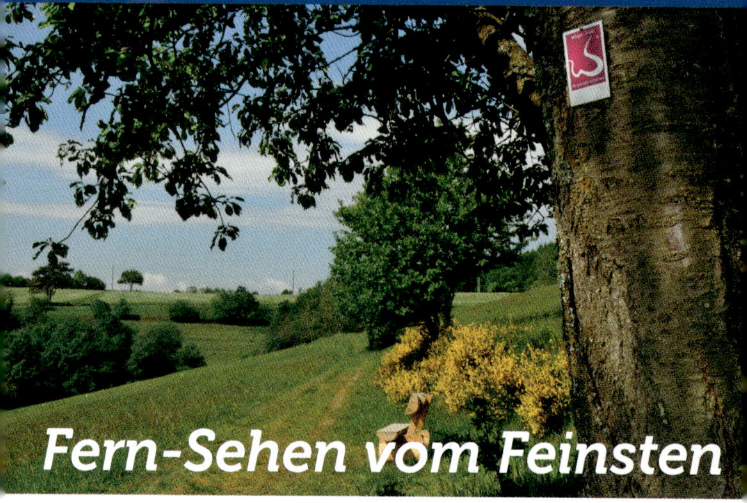

5.2 km | 2ʰ | 123 ↑▲↓ | 429 ▲ | 381 ♀ 🍎 448 ♂ |  PSW2X4X8

Start/Ziel: Parkplatz Espenschied

Anfahrt: Bäderstraße (B 260) über Strüth und Welterod nach Espenschied. Oder durchs Wispertal bis zur Laukenmühle, dann weiter nach Espenschied. Parkplatz an der L 3031 neben dem Friedhof.

Parken: Parkplatz Espenschied an L 3031
N50° 06' 47.4" • E7° 54' 21.6"

Wegpunkte:
P1 Parkplatz Espenschied
   32 U 421801   5551777
P2 Hüddchje auf der Heide
   32 U 422085   5550961
P3 Hersch horsche Bank
   32 U 422072   5550764
P4 Felsgrat
   32 U 421986   5550718
P5 Unter den Kirschen
   32 U 421990   5552257

scan&go®

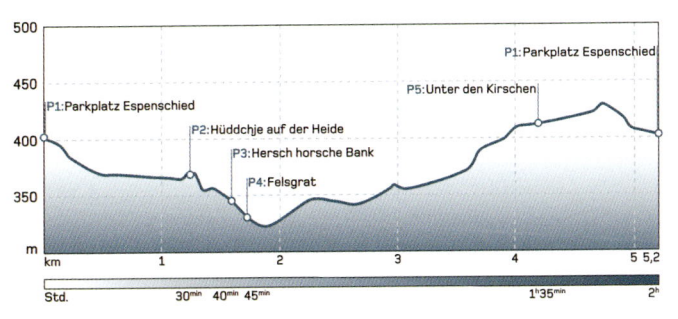

P5 Unter den Kirschen

L 3031

Parkplatz
Espenschied

P1

P

Espenschied

Hanseberg
▲ 382

L 3031

P2
Hüddchje auf
der Heide

Hersch horsche Bank P3

P4 Felsgrat

≈ 2 km
Wispertal

0.25 km

7% | 7% | 86%

500

450 — P1:Parkplatz Espenschied

400 — P1:Parkplatz Espenschied

P2:Hüddchje auf der Heide

P3:Hersch horsche Bank

P4:Felsgrat

P5:Unter den Kirschen

350

m
km   1   2   3   4   5 5,2

Std.   30min 40min 45min   1h35min   2h

Aussichtsreich, abwechlsungsreich und total entspannend: Auf dem Wispertaler Krönchen streifen wir auf herrlichen Graswegen durch offene Wiesen und lauschige Waldareale. Wir erleben tolle Ausblicke und bekommen jede Menge Gelegenheit, die Seele baumeln zu lassen.

Am nördlichen Ortsrand von Espenschied befindet sich der großzügige Wanderparkplatz [1], der mit einer Schutzhütte, einer Orientierungstafel mit Übersichtskarte und einer öffentlich zugänglichen Toilette ausgestattet ist. Dort starten wir zur Spazierwanderung auf dem Wispertaler Krönchen.

Einige Stufen führen uns hinab zu einem Platz mit Tischtennisplatte, zur Wilhelmstraße und zur Hauptstraße, die wir aufmerksam queren. Danach trennen wir uns vom Wispertalsteig und dem Wispertaunussteig und biegen links in die Otto-Korn-Straße ab. Mit einem Schlenker nach links verlassen wir die Bebauung und folgen an einem Markierungspfosten dem markanten lila Logo nach rechts auf einen stramm abwärts führenden Schotterweg. Der mündet aber schon bald auf einen Feldweg, dem wir nach rechts bis zu einer ersten Bank folgen.

Hier lassen wir den Ort nun endgültig hinter uns, denn wir biegen links auf einen herrlich weich-federnden Wiesenweg ab. Angesichts der offenen Weite der umgebenden Wiesen, von denen einige als Weiden genutzt werden, atmen wir tief ein und kommen sogleich zur Erkenntnis: Wo, wenn nicht auf einem Weg wie diesem, werden uns Stressabbau und Entschleunigung gelingen.

Entspannt wandern wir auf dem Grasweg voran und werden von neugierig mümmelnden Rindern beäugt. Einige querende Wiesenwege ignorieren wir und folgen einfach immer weiter dem weißen W auf lila Grund. Dabei lassen wir den Blick über die offene Weite schweifen und freuen uns an der kurzweiligen Landschaft des Wispertaunus, in der sich Wiesen und Waldflächen idyllisch ineinander fügen. Am Wegesrand lädt uns nach **0.9 km** die nächste Bank zum Ausruhen und Ausschauhalten ein.

Attraktiv zu jeder Jahreszeit

Lauschig-verträumte Wiesenpassage

Wir setzen die Wanderung fort und erklimmen eine kleine Anhöhe. Hier stoßen wir auf einen Querweg und biegen links ab. Nun begleitet uns rechts eine Hecke, aus der wir im Frühling eifriges Summen vernehmen. Kurz darauf erreichen wir den nächsten Wegweiser, der uns nach rechts schickt. Wir folgen dem naturbelassenen Feldweg zwischen den Hecken hindurch und sollten kurz nach einer Bank am nächsten Markierungspfosten nicht achtlos vorbeilaufen: Hier bietet sich ein kurzer Abstecher nach links an. Nur 50 m entfernt, aber hinter einer Kuppe verborgen, lädt das „Hüddchje auf der Heide" **(2)**, wie die luftige Schutzhütte genannt wird, nach **1.3 km** zur Pause ein. Eine entspannte Aussicht gibt es auch noch, denn von der Hütte aus kann man über die leicht abschüssige Wiese und über den angrenzenden Wald hinweg Richtung Wispertal blicken.

Um ein weiteres Stück ausgeglichener, nehmen wir den Faden unserer Wanderung wieder auf und biegen am Markierungspfosten links ab. Nun senkt sich der Weg deutlich und bringt uns erstmals in den Wald hinein. An einem querenden Waldweg schicken uns die Logos zunächst links weiter. Schon bald erreichen wir die nächste Bank, an der ein Richtungswechsel ansteht. Wir biegen rechts auf einen Pfad ab, der nun sanft abfallend durch die Hangflanke des Mühlberges verläuft. Herrlich raschelt unter unseren Sohlen das Laub der Buchen und Eichen, die den Wald hier dominieren. Und dann ist es auch schon so weit: Wir haben die nächste Bank samt wunderbarer Aussicht erreicht. Dieser lauschige Platz heißt „Hersch horsche Bank" **(3)**, was für nicht Einheimische übersetzt so viel wie „Hirsche-horchen-Bank" bedeutet. Tatsächlich kann man mit etwas Glück den Königen des Waldes im Spätherbst auf die Schliche kommen oder zumindest ihr markantes Röhren vernehmen. Wem dieses Erlebnis entgeht, der kann sich zumindest am Ausblick auf den Wisperwald erfreuen.

Von der Bank führt unser Weg pfadig weiter abwärts durch den luftigen Laubmischwald. Etliche Höhenmeter tiefer ist es dann der Untergrund, der uns entzückt: Dort, wo die Route nach links knickt, erhebt sich nach **1.7 km**

Wisper-Trail Logos

Filigraner Blütenzauber

Giftige Schönheit

vor uns ein rauer Felsgrat (4). Helle Flechten auf grauem Fels stehen im Kontrast zum dunklen Laub der gedrungen gewachsenen uralten Eichen, die dem kargen Boden seit Jahrzehnten jedes Quäntchen Nährstoff abringen. Natur pur, die einfach nur begeistert. Wir folgen unserem Wanderweg, der nun fast eben durch die Hangflanke verläuft.

Bald verengt sich der Weg zum Pfad, der eng flankiert wird vom Unterholz des Waldes. Kurz rücken schlanke Lärchen mit ihren filigranen Wedeln in den Vordergrund, dann übernehmen wieder weit-

gehend Buchen die Regie. Sanft steigt der Weg nun an, und nach **2.2 km** treffen wir wieder am Waldrand ein. Nun dürfen wir als Grenzgänger zwischen Wiese und Wald auf weichem Grasweg laufen. Zweimal passieren wir Bänke am Wegesrand, bevor es wieder etwas spürbarer bergan geht. Vorbei an einen Hochsitz gelangen wir an eine Kreuzung, wo uns ein Wegweiser nach rechts schickt. Nun rückt der Wald deutlich in den Hintergrund, rechts und links begleiten Wiesen und vereinzelte Heckenareale unseren Weg. In einer Kurve lädt unter einer Fichte die nächste Bank zum Verweilen ein.

Am Felsgrat

Nach kurzer Rast setzen wir die Wanderung fort und streben durch das ruhige Wiesental dem nächsten Waldabschnitt zu. Am Waldrand angelangt, überstehen wir dank guter Markierung einen kleinen Rechts-links-Versatz ohne Probleme und stellen uns dann der nächsten Herausforderung: Unser Weg steigt stramm bergan, hohe Buchen und Eichen spenden uns Schatten. Und als wir etwas außer Atem am nächsten Querweg stehen, erwartet uns nach **3.7 km** die nächste Bank zum Ausruhen und Durchschnaufen.

Mit frischen Kräften folgen wir nun dem bequemen Weg nach rechts und umrunden die angrenzende Wiese. Noch einmal dürfen wir an deren Ende in den Wald eintreten.

Schon bald gelangen wir an eine Weggabelung (mit Bank) und halten uns links. Wieder gilt es einige Höhenmeter gutzumachen, was uns problemlos gelingt. Tief atmen wir den Duft einer Nadelwaldparzelle ein, dann heißt es endgültig Abschied nehmen vom Wald, denn nach **4 km** treten wir ein letztes Mal hinaus in die offene Weite der Wiesen und Weiden. Herrlich breitet sich vor uns das Grasland aus und erlaubt weite Blicke in die Umgebung. Besonders gut können wir die Aussicht von der nächsten Bank „Unter den Kirschen" **(5)** genießen, die, wie der Name schon verrät, im Schatten knorriger Kirschbäume zum Verweilen einlädt.

Anschließend wandern wir dem Wiesenweg folgend im weiten Bo-

Entspannt unterwegs

gen zur nahen L 3031. Nach **4.6 km** queren wir die Straße aufmerksam und laufen auf der anderen Seite durch Weiden ein letztes Stückchen bergan. An der folgenden Kreuzung haben wir die Kuppe überschritten und den höchsten Punkt unserer heutigen Tour erreicht. Ein Wegweiser neben einer Bank schickt uns nach links. Noch einmal bekommen wir Gelegenheit zum „Fern-Sehen", während wir, flankiert von einer Hecke, dem Feldweg sanft hinab zum Ortsrand von Espenschied folgen. Vorbei an einem Wegkreuz mit Bank gelangen wir zu einem asphaltierten Querweg und schwenken nach links. Entlang von Kirche und Friedhof laufen wir zur nahen L 3031, wo sich am Parkplatz (1) nach **5.2 km** der Kreis unserer sehr kurzweiligen, entspannenden und aussichtsreichen Tour schließt.

🚶/ FAZIT

Der Weg verlangt keine besonderen Fähigkeiten und nur normale Kondition. Festes Schuhwerk ist aber aufgrund des sehr hohen Naturweganteils besonders bei feuchter Witterung und im Winter empfehlenswert. Aufgrund des Reliefs verläuft die empfohlene Gehrichtung für diesen Weg gegen den Uhrzeigersinn.

Schlüsselstellen: Der Weg weist keine besonders anspruchsvollen Schlüsselstellen auf.

4 INFOS

Heimat- und Kultur-verein Espenschied e.V., ☎ 0163/4399244, 🕐 www.wisper-trails.de oder 🕐 www.luftkurort-espenschied.de

Gasthaus Zur Linde, Kirchweg 3, 65391 Lorch-Espenschied, ☎ 06775/425, 🕐 www.gasthaus-zur-linde.de
■ *Gasthaus Dorfschänke, Laukenmühler Weg 9, 65391 Lorch-Espenschied, ☎ 06775/9699756, 🕐 www.gasthof-dorfschaenke.de,*
■ *Gasthaus Laukenmühle, Im Wispertal 5, 65391 Lorch-Espenschied, ☎ 06775/355, 🕐 www.laukenmuehle.de*
■ *Café „Alte Villa", Im Wispertal 10, ☎ 06726/1262, 🕐 www.alte-villa.net*

Pension Espenhof, Platter Weg 4, 65391 Espen-schied, ☎ 0151/14104723
■ *Gaststätte & Pension zum Wispertal, Wisperstraße 1, 65307 Bad Schwalbach-Ramschied, ☎ 06124/1324, 🕐 www.zum-wispertal.de*

Von Bad Schwalbach mit dem Bus 275 oder dem Rufbus 205. Ab Lorch (mit der Bahn erreichbar), fährt der Rufbus 191 nach Espenschied. Infos: 🕐 www.r-t-v.de, mindes-tens 90 Minuten vor Abfahrt bestellen: ☎ 06124/7265913

Camping Wisperpark, Wisperstraße-Wisper-tal, 65321 Heidenrod, ☎ 06120/978552 oder ☎ 06124/9297, 🕐 www.wisperpark.de

Kein Taxiunternehmen in Reichweite

Hunde können die Tour problemlos laufen. Es gibt keinen Zugang zu Wasser.

Premium-Wanderwege in der Nähe:
■ *Wispertalsteig, Espenschied, Länge:* **14.6 km**
■ *Wollmerschieder Grenzweg, Wollmerschied, Länge:* **7.9 km**

■ *Weitere Premiumwander-wege im Wispertaunus: 🕐 www.wisper-trails.de*

Keine Frage, das Wispertal gehört zu den wildromantischen Schönheiten in der Mittelrheinregion. Doch was nicht jeder weiß: Neben der faszinierenden Natur gibt es auch jede Menge Historisches zu entdecken, denn rund um das Wispertal sicherten im Mittelalter zahlreiche Burgen die Gebietsansprüche ihrer Herren. Die älteste Burg im Wispertal ist die Burg Rhein-eck, die schon 1165 erbaut wurde und im Besitz der Kurmainzer Rheingrafen war. Heute ist von der einst stolzen Burg nicht mehr viel übrig, der Zugang zu der im Privatbesitz befindlichen Ruine ist mühsam.

Lohnender und einfacher ist der Besuch der ebenfalls im Privatbesitz befindlichen Ruine der Lauksburg. Urkunden belegen, dass der Mainzer Erzbischof Konrad III im Jahr 1424 die Lauksburg als Lehen an Kuno von Scharfenstein und Adam von Allendorf vergab. Für eine Erkundung der Ruine startet man am besten am Parkplatz der Laukenmühle.

Im mittleren Wispertal, nahe der Gemeinde Geroldstein, befindet sich die Ruine der Burg Hahneck. Sie stammt aus dem späten 14. Jahrhundert und diente Philipp von Geroldstein zur Gebietssicherung gegenüber den Grafen von Katzenelnbogen. Heute ist die nur nach strammem Aufstieg zugängliche Ruine vom Einsturz bedroht und darf daher nicht betreten werden.

Hoch hinaus

| 3.1 km | 1ʰ 15ᵐⁱⁿ | 69 ↑▲↓ | 322 ▲ | 228 ♀ 268 ♂ | 👞👞👞👞 ⬇ PSW2X5X7 |

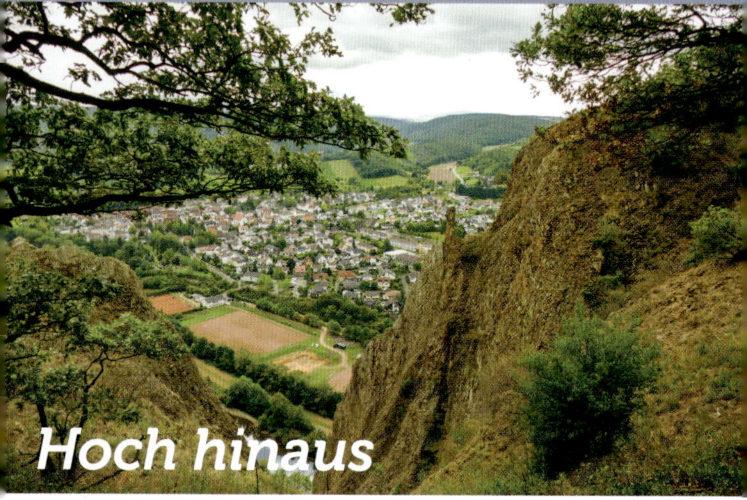

Start/Ziel: Parkplatz am Wanderportal Rotenfels

Anfahrt: B 41 bis Abfahrt Hüffelsheim, über L 236 nach Rüdesheim, von dort nach Traisen. Über die Rotenfelser Straße bis zum Parkplatz am Wanderportal.

Parken: Parkplatz Wanderportal Rotenfels
N49° 49′ 12.4″ • E7° 50′ 07.2″

Wegpunkte:
P1 Parkplatz Wanderportal Rotenfels
   32 U 416221   5519283
P2 Rabenfels
   32 U 416635   5519626
P3 Bad Münster am Stein Blick
   32 U 416399   5518897
P4 Rotenfels
   32 U 416223   5518913
P5 Bastei
   32 U 415923   5518982

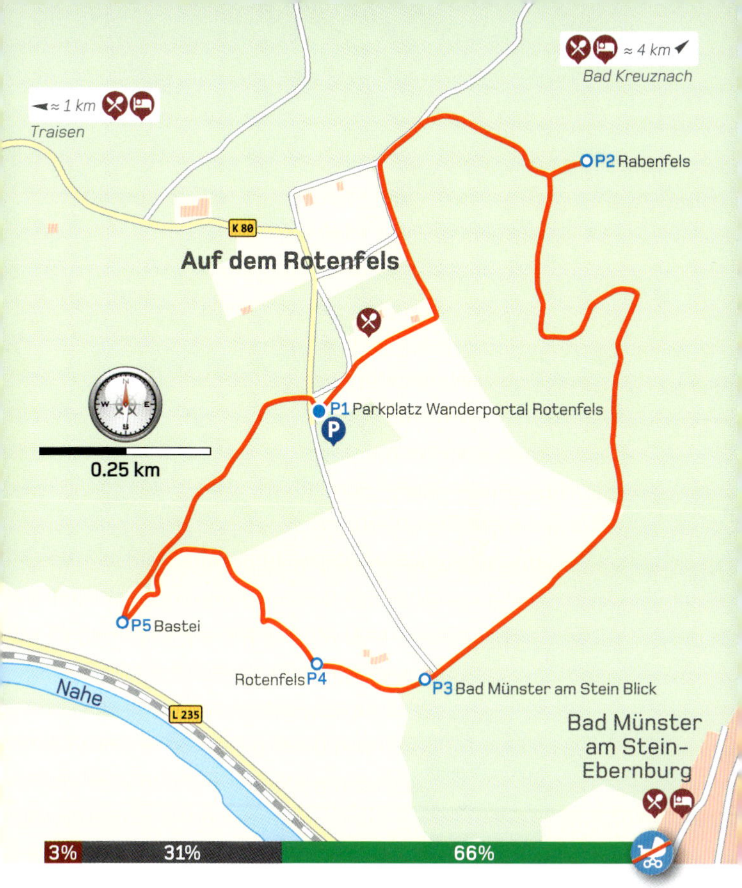
≈ 4 km
Bad Kreuznach
≈ 1 km
Traisen
P2 Rabenfels
K 80
Auf dem Rotenfels
P1 Parkplatz Wanderportal Rotenfels
P
0.25 km
P5 Bastei
Rotenfels P4
P3 Bad Münster am Stein Blick
Nahe
L 235
Bad Münster am Stein-Ebernburg
3%
31%
66%

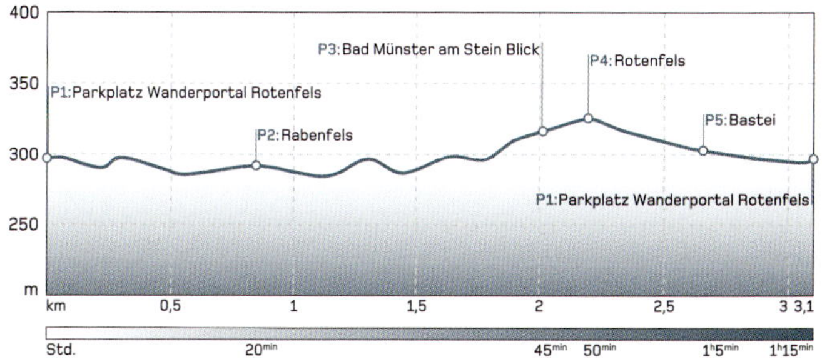
400
350
300
250
m
P1: Parkplatz Wanderportal Rotenfels
P2: Rabenfels
P3: Bad Münster am Stein Blick
P4: Rotenfels
P5: Bastei
P1: Parkplatz Wanderportal Rotenfels
km
0,5
1
1,5
2
2,5
3 3,1
Std.
20min
45min 50min
1h5min
1h15min

Heute streben wir nach Höherem: Die Introtour Rotenfels führt uns auf äußerst kurzweiliger Route nicht nur durch traumhaften Wald und zu herrlichen Ausblicken, sondern auch ganz nach oben. Von der Hangkante des Rotenfels aus liegt Wanderern das Naheland zu Füßen.

Direkt am Ende der Rotenfelser Straße (K 80) befindet sich der große Parkplatz am Wanderportal Rotenfels [1]. Hier starten wir die Premium-Spazierwanderung auf der Introtour Rotenfels, die wir im Uhrzeigersinn erleben wollen. Daher kehren wir der Straße den Rücken und laufen über den Parkplatz zum ersten Wegweiser. Das markante grüne Logo schickt uns auf einem weichen Grasweg am Rand einer artenreichen Wiese entlang. Nach nur 140 m biegt unser Weg mit kleinem Linksversatz auf eine Allee ab, links befindet sich das einladende Gasthaus zur Bastei: Das merken wir uns für eine gemütliche Abschlusseinkehr am Ende der Runde.

Doch zuvor wollen wir das Rotenfelsplateau erkunden, und so biegen wir am folgenden Wegweiser scharf links auf einen befestigten Waldweg ab und tauchen wenige Schritte später erstmals unters schattige Blätterdach erhabe-

ner Eichen. Wir passieren einen Rastplatz und lassen den Abzweig der Classic-Route nach rechts unbeachtet. Schon bald lichtet sich der Wald, und wir wandern an einer kleinen Wiese vorbei, bevor der Weg einen Knick nach rechts macht und wieder in den Wald führt.

An einer Kreuzung halten wir uns halb rechts und laufen nun auf einer alten Asphaltdecke leicht abwärts. Lange bleiben wir nicht auf dem harten Belag, denn nach 0.6 km schicken uns die Logos rechts auf einen verheißungsvoll als „Panorama-Wanderweg" gekennzeichneten Waldpfad.

Es dauert nicht lange, und wir atmen Natur pur. Tief ziehen wir die frische Waldluft ein und genießen den vielstufigen Wald, während wir dem weichen Pfad ohne größere Höhendifferenz folgen. Immer wieder erregen alte, dicke Eichen unsere Aufmerksamkeit. Im Herbst fallen auf dem Boden zahlreiche

Romantische Lichtstimmung am Rotenfels

Gewaltig: das Rotenfelsmassiv mit der Bastei

kleine, grüne Stachelbälle auf: Es sind die Früchte der Esskastanien, die sich hier ins Waldbild einfügen.

Das Unterholz lichtet sich, schlanke Kiefern dominieren die Szene, und unser Weg bringt uns an eine Waldkreuzung: Hier dürfen wir nicht einfach dem Wegweiser halb rechts folgen, sondern müssen unbedingt einen kleinen Abstecher nach links einlegen, denn nur 40 m entfernt lockt der Rabenfels (2). Flugs haben wir die Kuppe erobert und können nun von der bereitstehenden Bank den Blick hinab ins Nahetal, hinüber zum Felsmassiv der „Gans" (Introtour Rheingrafenstein, ▶ Seite 66) oder weit ins rheinhessische Hügelland schweifen lassen. Im Tal erkennen wir die Salinen, und auch die Nahe lässt grüßen.

Nach ausgiebiger Pause setzen wir die Wanderung fort und folgen nun dem Wegweiser weiter Richtung Rotenfels. Mit sanftem Auf und Ab erobern wir den herrlichen Wald, der nun zunehmend von urigen Eichen und einigen duftenden Kiefern dominiert wird. Als wir eine kleine Kuppe umrunden, macht sich dann auch der steinerne Untergrund bemerkbar: Rechts des Pfades erheben sich schroffe Felsklippen und setzen geologische Akzente inmitten des Waldes.

Beschwingt folgen wir dem Pfad sanft abwärts und genießen dieses tolle Wald-Wander-Erlebnis aus vollen Zügen. Nach 1.5 km erreichen wir eine Wegkreuzung und behalten die Richtung bei, aber der Wald wandelt sich drastisch: Nun

Gut gesichert: Wanderweg an der Hangkante

geht es mitten durch ein Weißtannenareal zum nahen Waldrand.

Dort wenden wir uns nach links und folgen dem Weg nun zwischen Wald und Wiese leicht ansteigend. Am Ende der Wiese schmiegen sich wieder Gehölze eng an den Weg, als ein lokaler Wanderweg einmündet. Wir laufen unbeirrt geradeaus weiter und dürfen dabei zumindest im Sommer durch einen grünen Tunnel schreiten. Nachdem wir wieder ein paar Höhenmeter gewonnen haben, gesellt sich von links auch noch die Vitaltour Rotenfels zu uns. Jetzt ist es fast geschafft, und schon weichen die Gebüsche zurück und wir stehen nach **2 km** an zwei Bänken und einer ersten grandiosen Aussicht an der Hangkante **(3)**. Sogleich setzen wir uns, um den Blick in aller Ruhe über Bad Münster am Stein-Ebernburg, die Nahe, den Rheingrafenstein und die „Gans" wandern zulassen.

Begeistert von dieser Aussicht, sind wir gespannt, was nun der Rotenfels noch an Steigerung bieten wird. Wir werden nicht enttäuscht. Denn kaum sind die letzten begleitenden Büsche zurückgewichen, führen uns einige Stufen auf den Gipfel des Rotenfels **(4)**. Eine atemberaubende Panoramasicht! Bestens durch ein Geländer gesichert, bewegen wir uns nun unmittelbar an der Hangkante entlang und genießen den Weitblick, der sich von hier oben bietet. Natürlich stehen auch Bänke zum Ausruhen und „Fern-Sehen" bereit, wovon wir ausgiebig Gebrauch machen.

Am „Münster am Stein Blick"

Sicher geführt

Kreuzung nahe des Rabenfels

Je länger wir dem Fußweg folgen, umso mehr rückt neben der Aussicht auf das Tal und die Umgebung der Fels selbst in den Fokus. Immerhin bewegen wir uns hier an der Oberkante der höchsten Steilwand nördlich der Alpen, und entsprechend spektakulär ist die Aussicht auf die Felswände. Schon erblicken wir die gemauerte Kanzel der Bastei, wo wir bald stehen werden. Da die Felswand einen gekrümmten Verlauf hat, bleibt uns auf dem Weg dorthin ausreichend Gelegenheit, verschiedene Einblicke in die Geologie zu bekommen. Doch auch die Flora verdient unsere Aufmerksamkeit, denn das Naturschutzgebiet beherbergt so manch seltene Art.

Angesichts all dieser Attraktionen dauert es ein wenig länger, bis wir dem sanft abfallenden Pfad bis zur Bastei (5) gefolgt sind. Doch hier schlagen nach 2.6 km unsere Herzen noch einmal höher. Tief beeindruckt nehmen wir das fantastische Panorama in uns auf, lassen den Blick auf der exponierten Ebernburg verweilen und vollziehen die Route der von hier bestens überschaubaren Introtour Ebernburg (▶ Seite 76) nach.

Am Rabenfels

Es fällt schwer, sich von diesem fast magischen Ort loszureißen. Doch mit einem letzten weiten Rundumblick verabschieden wir uns von der Bastei und folgen dem Pfad in den Schatten des Eichenmischwaldes. Noch ganz benommen von den zahlreichen Eindrücken legen wir diesen letzten ruhigen Wegabschnitt zurück und dürfen dann nicht den scharfen Knick hinauf zur Straße und zum Parkplatz verpassen. Nur 50 m später stehen wir wieder am Parkplatz des Wanderportals **[1]**, wo sich nach **3.1 km** unsere grandiose Tour auf das „Dach des Nahetals" schließt. Wer möchte, kann die Wanderung nun bei einer gemütlichen Einkehr im nahen Gasthaus zur Bastei ausklingen lassen.

/ FAZIT

Der Weg verlangt normale Kondition. Festes Schuhwerk ist aufgrund der Naturweganteile wichtig. An sonnigen oder windigen Tagen unbedingt auf entsprechenden Sonnen- bzw. Windschutz achten. Aufgrund des Erlebnispotenzials und des Reliefs empfiehlt es sich die Tour, wie beschrieben, im Uhrzeigersinn zu absolvieren.

Schlüsselstellen: Der Weg weist keine besonders anspruchsvollen Schlüsselstellen auf.

Gesundheit und Tourismus für Bad Kreuznach GmbH, Kurhausstr. 22-24, 55543 Bad Kreuznach, ☎ 0671/83600-50, ⏱ www.bad-kreuznach-tourist.de

Gasthaus zur Bastei, Auf dem Rotenfels 4, 55595 Traisen, ☎ 0671/31701, ⏱ www.gasthaus-zur-bastei.de ▪ Gasthaus Zur Rotenfelsstube, Rotenfelser Str. 25, 55595 Traisen, ☎ 0671/35917, ⏱ www.rotenfelsstube.de

Gasthaus Zur Rotenfelsstube, Rotenfelser Str. 25, 55595 Traisen, ☎ 0671/35917, ⏱ www.rotenfelsstube.de ▪ Weitere Übernachtungsmöglichkeiten in Bad Münster am Stein-Ebernburg und in Bad Kreuznach

Wohnmobilplatz Bad Kreuznach Salinental, neben dem Brauwerk, Saline Karlshalle 11, 55543 Bad Kreuznach, ☎ 0173/6611220 ⏱ www.braunundroethgastronomie.com

Das Wanderportal Rotenfels ist nicht mit dem ÖPNV erreichbar. Mit dem Zug kann man bis Bad Kreuznach oder Bad Münster am Stein anreisen und von dort per Taxi oder zu Fuß zum Rotenfels gelangen.

Taxizentrale Bad Kreuznach, ☎ 0671/2333

Hunde können die Tour problemlos laufen. Es gibt keinen Zugang zu Wasser.

Premium-Wanderweg in der Nähe:
▪ TourNatur Salinenweg, Bad Kreuznach/Bad Münster am Stein, Länge: 16.1 km

Sie sind ein Wahrzeichen von Bad Kreuznach und auch von Bad Münster am Stein: die eindrucksvollen Gradierwerke in den Naheauen. Bereits 1729 wurden in Bad Münster am Stein Gradierwerke zur Gewinnung von Salz betrieben. In einem Gradierwerk werden in hölzerne Rahmen Bündel von Schwarzdornreisig eng gestapelt. Über ein Leitungsnetz rieselt aus Bohrlöchern gefördertes salzhaltiges Wasser (die sogenannte Sole) über die Hecken nach unten und wird in Auffangrinnen gesammelt.

Beim Rieseln erhöht sich durch Verdunstung von Wasser der Salzgehalt der Sole. Die so angereicherte Sole wurde zur Gewinnung von Salz am Ende eingedampft.

Heute hat die Salzgewinnung keine Bedeutung mehr. Die Gradierwerke dienen als Freiluftinhalatorien, was Menschen mit Atemwegsbeschwerden Erleichterung verschafft. Auch an heißen Tagen ist ein Spaziergang entlang der gewaltigen Gradierwerke sehr erfrischend und wohltuend. Das westliche Gradierwerk in Bad Münster am Stein wurde zuletzt 2009 saniert und hat mit 10 m Höhe und 104 m Länge gewaltige Ausmaße.

Übrigens: Bei Frost wird die Berieselung eingestellt, meistens sind die Gradierwerke zwischen April und Oktober in Betrieb. www.bad-muenster-am-stein.de

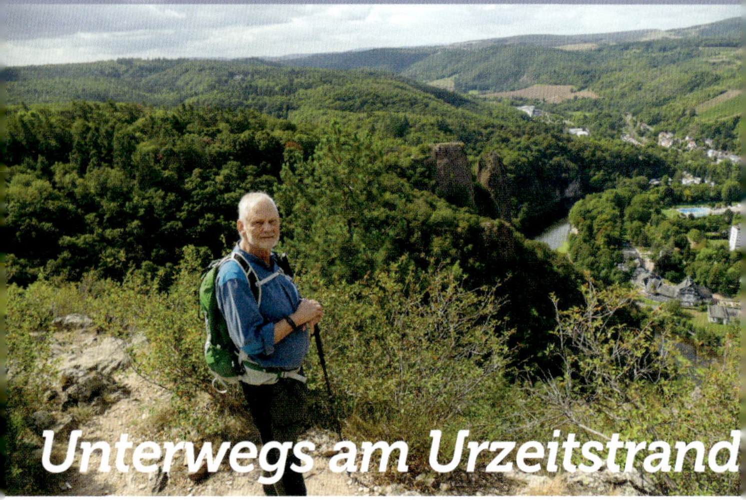

Unterwegs am Urzeitstrand

3.5 km	1ʰ 15ᵐⁱⁿ	78 ↑▲▲↓	320 ▲	244 ♀ 🐢 387 ♂	👞👞👞👞 ⬇ PSW2X6X6

Start/Ziel: Parkplatz am Wanderportal Kuhberg

 Anfahrt: B 48 Bad Kreuznach, Rheingrafenstraße bis zum Plateau. Oder L 412 Zufahrt Hofgut Rheingrafenstein. Dahinter links zum Parkplatz am Kuhberg.

P Parken: Parkplatz Wanderportal Kuhberg
N49° 48′ 45.9″ • E7° 51′ 58.9″

Wegpunkte:

P1 Parkplatz Wanderportal Kuhberg
32 U 418441 5518427

P2 Meeresstrand
32 U 418290 5518060

P3 Sternwarte
32 U 417903 5518226

P4 Aussicht Gans
32 U 417603 5518409

P5 Bank am Waldwiesenblick
32 U 418041 5518425

scan to go®

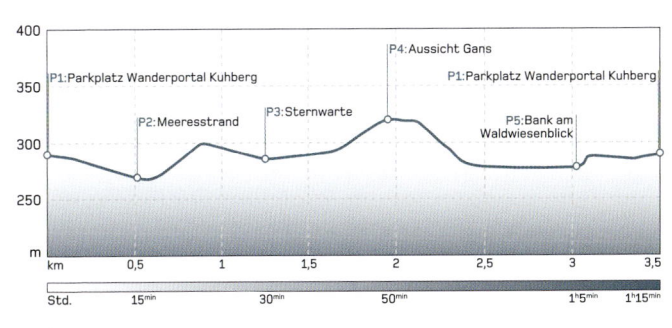

≈ 3 km

Bad Kreuznach

Hofgut
Rheingrafenstein

Bank am Wald-
wiesenblick

P5

Parkplatz Wander-
portal Kuhberg

P1

Freizeit-
gelände
Kuhberg

P4
Aussicht
Gans

Schloss Rhein-
grafenstein

P3 Sternwarte

Meeresstrand P2

Forsthaus Spreitel

0.25 km

6%   62%   32%

400

350

300

250

m

P1:Parkplatz Wanderportal Kuhberg

P4:Aussicht Gans

P1:Parkplatz Wanderportal Kuhberg

P2:Meeresstrand

P3:Sternwarte

P5:Bank am
Waldwiesenblick

km   0,5   1   1,5   2   2,5   3   3,5

Std.   15min   30min   50min   1h5min 1h15min

Wer hätte gedacht, mitten auf dem Plateau oberhalb des Nahetals auf die Spuren eines urzeitlichen Meeresstrandes zu stoßen? Doch genau dorthin führt die Introtour Rheingrafenstein, bevor sie uns durch lauschige Waldabschnitte an die Hangkante zur spektakulären Aussicht „Gans" bringt.

Am großen Parkplatz auf dem Kuhberg, direkt neben dem Freizeitgelände mit Spielplatz und Hochseilgarten, befindet sich das Wanderportal für die Region rund um den Rheingrafenstein. Übersichtliche Tafeln zeigen den Verlauf der verschiedenen Wanderwege. Unsere Introtour Rheingrafenstein ist mit dem markanten Naheland-Logo in Grün markiert.

Wir starten am Portal (1), queren die Zufahrtsstraße und laufen über den Buswendeplatz zum ersten Wegweiser, der sich am Tripelpunkt der Tour befindet. Da wir im Uhrzeigersinn laufen wollen, wenden wir uns halb links und finden uns nur wenige Schritte später am Rand eines kurzen Waldstücks mit würzig duftenden Kiefern. Sogar eine erste Bank lädt zum entspannten Genießen des Blicks auf die angrenzende Weide ein.

Unsere Kräfte sind noch frisch, und wir sind neugierig, was der Weg uns

bieten wird. So folgen wir dem Pfad zwischen Waldrand und Weide und überstehen dabei einige Schlenker dank bester Markierung ohne Probleme. Bald rücken die Büsche und Bäume näher an den Weg und lassen uns in der Mitte der Natur ankommen. Die filigranen Wedel des Stolzen Heinrich versetzen uns ins Träumen, bevor sich die Kulisse öffnet und wir gebannt nach vorne schauen: Vor uns breitet sich eine große Wiese aus, die am Rand von hoch aufragenden, spärlich bewachsenen Steilhängen begrenzt ist. Bei näherem Hinsehen erinnert uns die Szene an eine Küstenlandschaft mit begrünter Düne – und tatsächlich kommen wir damit der Wahrheit sehr nahe. Was sich hier vor uns ausbreitet, ist ein Urzeitstrand nebst Düne – nur ist es schon gut 30 Millionen Jahre her, dass hier einst ein Meer rauschte … Dennoch nehmen wir die Einladung einer bereitstehenden Bank (2) gerne an und schwelgen nach nur 0.5 km Wegstrecke in der

Blick auf das Urzeitmeer

Drei Wege, ein Auftakt

Einstieg ins Wanderreich

einzigartigen Atmosphäre, die auch heute noch über diesem Streifen einstigen Urzeitmeeres liegt.

Noch immer ganz berauscht von diesem unerwarteten Naturerlebnis, folgen wir der Introtour zum Rand der Wiese. Hier treten wir in lichten Laubmischwald ein und bewältigen auch eine erste kurze Steigung problemlos. Oben angelangt, weicht der Wald etwas zurück, und von einer weiteren Bank aus können wir den Blick über die vor uns liegende Weide schweifen lassen. Dabei erspähen wir auch den ersten Abschnitt unseres heutigen Weges.

Wir reißen uns vom Ausblick los und wandern nun auf anfangs schmalem Pfad wieder in den abwechslungsreichen Wald. Auf einer kleinen, von Ginstern gesäumten Waldlichtung überschreiten wir eine Kuppe, von der sich unser Weg nun sanft in den dichten Laubmischwald absenkt.

Nach 1.2 km treffen wir auf einen Querweg und einen Wegweiser, der uns nach rechts schickt. Kurz darauf weicht der Wald zurück, und wir laufen von Hecken begleitet

Aussicht von der Hangkante

am Rand einer Wiese entlang. Ein Schaukasten und ein Gittertor ziehen unsere Aufmerksamkeit auf sich: Wir stehen vor dem Tor der Sternwarte Bad Kreuznach (3). Die öffnet übrigens regelmäßig freitagabends für Besucher ihre Tore (Infos gibt es unter www. sternwarte-kreuznach.de).

Wir folgen dem befestigten Weg zu einer nahen Kreuzung: Hier verbirgt sich unter üppiger Vegetation das Rheingrafenschloss, von dem wir aber vom Weg aus fast nichts mitbekommen. Wir wenden uns nach links und dringen bald tiefer in den hochgewachsenen Wald ein. Stämmige Eichen sorgen mit ausladenden Kronen für angenehmen

Blick zum Rotenfels

Kuranlage Bad Münster am Stein

Schatten, während wir zunächst ganz leicht an Höhe verlieren. Nach einer lang gezogenen Kurve beginnt unser Weg sanft anzusteigen, und schon steht eine Bank zur Verschnaufpause bereit. Im weiteren Verlauf wird der Boden zunehmend steinig, und auch der Anstieg wird strammer. Nun sind wir froh, in festen Wanderschuhen unterwegs zu sein, und auch Wanderstöcke sind auf diesem Abschnitt durchaus hilfreich.

Allmählich verändert sich die Natur: Eichen und Buchen treten den Rückzug an, und Kiefern dominieren nun die Waldkulisse. Ein Hauch von skandinavischer Taiga liegt in der Luft, dann wird die Vegetation spärlicher und niedriger, und nach 1.9 km ist es dann plötzlich so weit: Wir sind an der Hangkante hoch über dem Nahetal angekommen. Bevor wir unserem Weg nach rechts folgen, legen wir einen kleinen Abstecher zu einer ersten sehr luftigen Aussicht ein. Aber Vorsicht: Die Hangkante ist ungesichert, also nicht zu weit vorwagen! Doch auch mit dem gebotenen Sicherheitsabstand zur Kante lässt sich das phänomenale Panorama in vollen Zügen auskosten.

Begeistert widmen wir uns wieder dem Weg und streben mit freudiger Erwartung zum eigentlichen Aussichtspunkt „Gans" (4), den wir bereits 100 m später erreichen.

Blick auf die Ebernburg

Ein Geländer sorgt für Sicherheit, 2 Bänke zum Ausruhen und „Fern-Sehen" stehen ebenfalls bereit. Und dann die Aussicht – gigantisch! Vor uns liegt tief unten die Nahe, links strebt schroff das Massiv des Rheingrafenstein empor. Unser Blick schweift über die gepflegten Anlagen des Kurparks von Bad Münster am Stein und bleibt etwas dahinter an der markanten Ebernburg hängen, die hoch über dem Ort thront. Unserem luftigen Aussichtspunkt gegenüber ragt schließlich der mächtige Rotenfels

auf. Wir sind restlos begeistert und vollkommen hingerissen vom Panorama, das uns die „Gans" präsentiert. Klar, dass es eine Weile dauert, bis wir bereit sind, die Wanderung fortzusetzen ...

Wir folgen dem Panoramaweg entlang der Hangkante und genießen die Ausblicke. Dabei passieren wir einen Sendemast und weitere Bänke, während sich unser Weg nun immer deutlicher talwärts senkt. Auch diese Passage verläuft noch auf steinigem Grund und verlangt durchaus unsere Aufmerksamkeit. Schließlich ist es dann so weit: Nach 2.5 km verlassen wir den Panoramaweg und biegen scharf rechts ab. So bleibt auch der „Taigawald" hinter uns, und wir tauchen unter ein lauschiges Blätterdach von Eichen und Buchen.

Kurz nachdem sich an einem Wegweiser wieder die Vitaltour und die Classictour Rheingrafenstein zu uns gesellen, bietet links eine Bank nach 3 km eine letzte tolle Gelegenheit, die Seele baumeln zu lassen. Von der Bank (5) aus schweift der von Zweigen eingerahmte Blick über eine sanft gewellte Waldwiese. Das ist Entschleunigung pur, bevor wir uns schließlich dem Schlussabschnitt unserer Wanderung widmen. Voller Elan meistern wir die paar Höhenmeter bergan bis zu einem asphaltierten Abschnitt. Hier wenden wir uns nach links und dürfen schon 100 m später rechts auf einen Naturpfad wechseln. Der führt uns durch einen Heckenriegel wieder mitten in die Weidelandschaft, die wir vom Beginn der Runde kennen. Voraus sehen wir auch schon den Tripelpunkt der Tour (2). Wir passieren den Tripelpunkt und laufen erneut über den Buswendeplatz zur Zufahrtsstraße. Am Wanderportal am Parkplatz Kuhberg (1) schließt sich nach 3.5 km der Kreis dieser überraschenden und sehr aussichtsreichen Spazierwanderung.

🚶 FAZIT

Der Weg verlangt normale Kondition und auf den felsigen Passagen gute Trittsicherheit. Festes Schuhwerk ist daher wichtig, Stöcke sind empfehlenswert. Im Bereich des Panoramaweges an der Gans unbedingt ausreichend Abstand zur teils ungesicherten Hangkante halten. Aufgrund des Reliefs empfiehlt es sich die Tour, wie beschrieben, im Uhrzeigersinn, zu absolvieren.

Schlüsselstellen: Der Weg weist keine besonders anspruchsvollen Schlüsselstellen auf. Der Panoramaweg im Bereich der Gans ist felsig und steinig und verlangt erhöhte Aufmerksamkeit.

6 INFOS

Gesundheit und Tourismus für Bad Kreuznach GmbH, Kurhausstr. 22-24, 55543 Bad Kreuznach, ☎ 0671/83600-50, ⏱ www.bad-kreuznach-tourist.de

Waldheim, Im Forst Spreitel, 55543 Bad Kreuznach, ☎ 0671/7948775, ⏱ www.das-neue-waldheim.de, ▪ Brauwerk - das Bad Kreuznacher Brauhaus im Salinental, Saline Karlshalle 11, 55543 Bad Kreuznach, ☎ 0671/29843330, ⏱ www.brauwerk.info

Land-gut-Hotel Burgblick, Schloßgartenstraße 33, 55543 Bad Kreuznach, ☎ 0670/862940, ⏱ www.hotel-burgblick.com
▪ Hotel Der Quellenhof, Nachtigallenweg 2, 55543 Bad Kreuznach, ☎ 0671/838330, ⏱ www.der-quellenhof.de
▪ Nahetal Jugendherberge, Rheingrafenstraße 53, 55543 Bad Kreuznach, ☎ 0671/62855

Wohnmobilplatz Bad Kreuznach Salinental, direkt neben dem Brauwerk,

Saline Karlshalle 11, 55543 Bad Kreuznach, ⏱ www.braun-undroethgastronomie.com ☎ 0173/6611220

Mit dem Zug bis Bad Kreuznach. Von dort mit der Buslinie 203 an Wochenenden und Feiertagen bis zur Haltestelle Freizeitgebiet Spreitel unweit des Wanderportals (Mo.-Fr.: nur bis Haltestelle Kuhberg, ca. 1100 m entfernt). ⏱ www.rnn.info

Taxizentrale Bad Kreuznach, ☎ 0671/2333

Hunde können die Tour problemlos laufen. Es gibt keinen direkten Zugang zum Wasser.

Premium-Wanderwege in der Nähe:
▪ TourNatur Salinenweg, Bad Kreuznach/Bad Münster am Stein, Länge: 16.1 km

Hoch über der Nahe stehen noch heute die Mauern von der einst trutzigen Burg Rheingrafenstein. Direkt auf dem massiven Porphyr ließen die Herren von Stein bereits im 11. Jahrhundert in luftiger Höhe ihre Stammburg errichten. Doch die exponierte Lage war kein Garant für die Abwehr feindlicher Überfälle und Zerstörungen: 1689 sprengten die Truppen von Ludwig XIV. die Burg, welche in der Folge unbewohnbar war. Seitdem wacht die Ruine über das Nahetal und Bad Münster am Stein.

Um zu dem alten Gemäuer zu gelangen, ist etwas Kondition notwendig. Vom Kurpark aus kann man zunächst mit der hand-betriebenen Personenfähre (Achtung: verkehrt nur Ende März bis Ende Oktober!) über die Nahe setzen. Danach geht es durch das Huttental stramm bergan. Doch die Mühe lohnt sich, denn von der Ruine aus hat man einen sensationellen Ausblick auf das Tal und hinüber zum eindrucksvollen Massiv des Rotenfels.

Im Schatten des Rotenfels

4.3 km	1ʰ 30ᵐⁱⁿ	91 ↑▲↓	175 ▲	300 ♀ 353 ♂	 ⬇ PSW2X7X5

Start/Ziel: Parkplatz Wanderportal Ebernburg (an der K 95)

 Anfahrt: B 48 bis Ebernburg, L 379 Richtung Feilbingert. Am Weingut Rapp auf die K 95 Richtung Burg Ebernburg. Kleiner Parkplatz nach der Kreuzung.

Ⓟ Parken: Parkplatz Wanderportal Ebernburg (an K 95)
N49° 48′ 21.3″ • E7° 49′ 50.5″

📍 Wegpunkte:
P1 Parkplatz Wanderportal Ebernburg
32 U 415864   5517709
P2 Panoramablick Ebernburg
32 U 416432   5517896
P3 Unterm Rotenfels
32 U 415911   5518808
P4 Rastplatz am Steinskulpturenmuseum
32 U 415457   5517884

scan∘go®

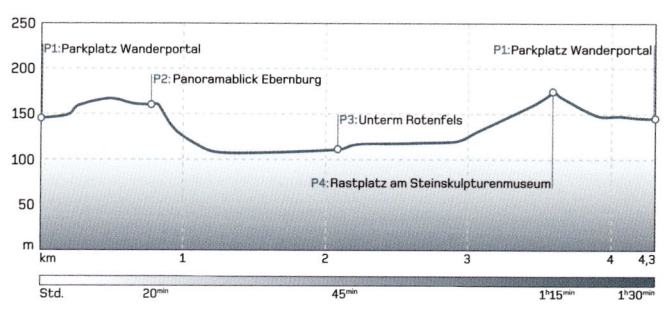

Von der eindrucksvollen Burg zu pittoresken Gässchen mit urigen Winzerhöfen, von der entspannten Uferpassage unterhalb des grandiosen Rotenfelsmassivs zum beeindruckenden Skulpturenpark: Diese Spazierwanderung ist ausgesprochen facettenreich. Zwischen all den Höhepunkten sorgen fantastische Panoramablicke für eine entspannte Runde.

Aussicht zum Rotenfelsmassiv

Los geht es direkt am kleinen Parkplatz am Wanderportal Ebernburg [1] an der K 95. Eine Kartentafel macht uns auf die verschiedenen Wandermöglichkeiten rund um Ebernburg aufmerksam. Wir folgen der Introtour Ebernburg, die mit den typischen Naheland-Logos in grüner Farbe markiert ist und sich dadurch gut von der rund 9 km langen Classic-Tour (orange Logos) und der anspruchsvollen 15 km langen Vitaltour (lila Logos) unterscheiden lässt.

Aufgrund des Reliefs entschließen wir uns, die Runde gegen den Uhrzeigersinn zu absolvieren. Daher wenden wir der L 95 den Rücken zu und laufen den Schildern Richtung Ebernburg Aussicht nach, die bereits nach 0.8 km auf uns wartet. Schon nach wenigen Schritten knickt unser Grasweg vom Tal weg nach links und führt uns sanft ansteigend durch artenreiche Wiesen.

Kaum haben wir die ersten paar Höhenmeter erklommen, begeistert uns die Aussicht: Das beeindruckende Felsmassiv des Rotenfels auf dem gegenüberliegenden Naheufer ist einfach großartig. Unser Weg senkt sich ein wenig ab, und voraus erhaschen wir auch einen ersten schönen Blick auf die Ebernburg. Unmittelbar vor der Zufahrt zur Burg knickt unsere Introtour scharf rechts neben einem Weinberg bergan.

Schnell ist der kleine Anstieg gemeistert, und wir dürfen auf federndem Grasweg zwischen den Reben nach links laufen. An der Gabelung bleiben wir auf dem oberen, rechten Weg und streben weiter der Ebernburg zu. Noch einmal gelangen wir an die Zufahrt, doch diesmal schickt uns ein Wegweiser für 10 m nach links, um dann rechts auf einen befestigten Weinbergsweg abzubiegen. Der führt uns nun unterhalb der mächtig aufragenden Burg entlang. An einer Treppe weisen die Logos links abwärts in den Ort. Bevor wir dieser Aufforderung nachkommen, lohnt es sich aber, noch 50 m geradeaus zu laufen, denn dort erwartet uns eine herrliche Aussicht (2) auf Ebernburg, das Nahetal und den Rotenfels.

Nach dem Fotostopp kehren wir zum Beginn der Treppe zurück und steigen zügig in den alten Ortskern von Ebernburg ab. Am Fuß der Treppe dürfen wir unter Weinreben hindurchlaufen, und ein erster Winzer lockt am Feierabend zur zünftigen Einkehr. Auch beim folgenden Abstieg durch die idyllischen Gassen bieten einige Winzerhöfe Weinausschank und Einkehr an, meist jedoch erst ab dem späten Nachmittag.

In der Ortsmitte erreichen wir nach 1.1 km die Schloßgartenstraße und queren sie sicher an einem

Steinskulpturenmuseum

Blick zur Ebernburg

Zebrastreifen. Auf der anderen Seite wenden wir uns halb rechts einem schmalen Sträßchen Richtung Nahe zu. Nur wenige Schritte später ist es dann so weit: Wir stehen am Ufer des langsam strömenden Flusses und wenden uns links dem bequemen, leicht befestigten Uferweg zu. Üppiges Grün umfängt die Nahe, und so erhaschen wir nur ab und an einen Blick auf das Wasser.

Während leise der Wind in den Blättern rauscht, vereinzelt das zufriedene Schnattern eines Wasservogels zu vernehmen ist, genießen wir das Wandern im Schatten des Auwaldes in vollen Zügen. Bald unterqueren wir die Brücke über die Nahe und lassen die Bebauung hinter uns. Von den links angrenzen-

den Sportplätzen bekommen wir dank dichter Hecken kaum etwas mit und genießen ungestört die abwechslungsreiche Uferpassage. Doch dann weichen die flankierenden hohen Bäume zurück, und über saftige Uferwiesen hinweg öffnet sich der Blick auf die gigantische Wand des Rotenfels. Zuvor hatten wir nur den oberen Teil erspäht, nun schweift unser Blick begeistert über die komplette Wand, bei der es sich um die höchste Steilwand nördlich des Alpenraums handelt.

Beeindruckt setzen wir unsere Tour fort und können uns dabei kaum sattsehen an den Felsvorsprüngen, Türmchen und Klüften, die Mutter Natur uns hier präsentiert. Da kommt bereits jetzt Vorfreude auf, auch die Introtour Rotenfels

Runde Sache: Kunst am Weg

(▶ Seite 56) zu erkunden, die uns dann hoch oben auf dem Grat eben dieser Felswand entlangführen wird.

Für unseren Geschmack viel zu schnell erreichen wir den nächsten Knick der Route **(3)**, die uns nun links weg vom Fluss führt. Nach **2.1 km** ergreifen wir vor dem Abbiegen auf einen befestigten Wirtschaftsweg die Gelegenheit zur Pause: Unter schattigen Nussbäumen steht eine Bank zur Rast bereit. Mit frischer Energie wandern wir anschließend auf dem breiten Weg nach Südwesten und freuen uns, dass ein dichter Heckenriegel unseren Weg vom parallel verlaufenden Nahe-Radweg trennt. Nach kurzer Passage durch Wiesen und Hecken schicken uns

die Logos scharf nach links. Wir queren den Nahe-Radweg und laufen an der Kläranlage vorbei sanft bergan in die offene Flur. Dort angelangt, heißt es rechts abbiegen und auf weiter ansteigendem Feldweg etwas Höhe gewinnen. Das fällt uns angesichts des herrlichen Panoramablicks nicht schwer. Und dann tauchen vor uns eigenartige Gebilde auf. Als wir näher kommen, erkennen wir einen mächtigen, steinernen Bücherturm: Alles klar, wir sind nach **3 km** am Rand des Steinskulpturenparks angelangt.

Einen Querweg ignorieren wir und wandern stetig weiter bergan, passieren dabei einige Steinskulpturen und auch das Museum. Erst oberhalb des Museums halten wir uns an einer Kreuzung links, legen

Ebernburg und Rheingrafenstein

aber vor dem Weiterwandern am
bereitstehenden Rastplatz (4) eine
Pause ein. Denn zum einen bietet es
sich hier an, nach dem Anstieg etwas zu verschnaufen, zum anderen
ist die Rundumsicht einfach grandios: Vom Rotenfels wandert unser
Blick entlang des Nahetals zum Ort
Ebernburg und weiter über das
Rheingrafenmassiv zur gleichnami-
gen Ruine und schließlich zur fast
trutzig erscheinenden Ebernburg.
Was für eine Krönung dieser
reizvollen Runde. Es fällt uns leicht,
die Pause auszudehnen, bevor wir
dem asphaltierten Weg noch einige
Meter talwärts folgen und links auf
einen Grasweg wechseln. Der führt
uns sanft hinab an den Rand des
Neubaugebietes. Hier schwenken
wir nach rechts und nutzen nicht

Buchkunst am Wegesrand

Blick zum Rotenfels

Einprägsames Logo

den Asphaltweg, sondern laufen direkt über den Grünstreifen am Rand der duftenden Tannen zum Parkplatz des Weinguts Rapp. Hier geht es rechts an Rosenbüschen vorbei bis zur Kreuzung der L 379 und der K 95. Aufmerksam queren wir die Landstraße und folgen dem Bankett der K 95 bis zum Abzweig

zum Parkplatz am Wanderportal Ebernburg (1). Hier schließt sich nach 4.3 sehr spannenden und abwechslungsreichen Kilometern der Kreis unserer Introtour Ebernburg – in den Sommermonaten im sanften Abendlicht auch eine tolle Feierabendtour.

🚶/ FAZIT

Der Weg verlangt keine besonderen Fähigkeiten und nur normale Kondition. Festes Schuhwerk ist aufgrund der Naturweganteile allerdings empfehlenswert. Wegen der doch recht steilen Treppe und dem daran anschließenden Abstieg zur Nahe empfiehlt es sich, die Tour, wie beschrieben, gegen den Uhrzeigersinn zu absolvieren.

Schlüsselstellen: Der Weg weist keine besonders anspruchsvollen Schlüsselstellen auf.

Gesundheit und Tourismus für Bad Kreuznach GmbH, Kurhausstr. 22-24, 55543 Bad Kreuznach, ☎ 0671/83600-50, ⏱ www.bad-kreuznach-tourist.de

Restaurant Burgschänke Ebernburg, Auf der Burg, 55583 Bad Münster am Stein-Ebernburg, ☎ 06708/2250, ⏱ www.burgschaenke-ebernburg.de
■ Weingut Jung „Jungs Weingarten", Burgstraße 15, 55583 Bad Münster am Stein-Ebernburg, ☎ 06708/660440, ⏱ www.weingutjung.com
■ Gutsausschank zum Remischen, Weingut Schlich, Burgstraße 3, 55583 Bad Münster am Stein-Ebernburg ☎ 06708/2205, ⏱ www.weingut-schlich.de

Weingut & Land-Gästehaus Rapp, Schlossgartenstraße 74, 55583 Ebernburg an der Nahe, ☎ 06708/2312, ⏱ www.wein-gut-rapp.de

Wohnmobilstellplatz Weingut Rapp, Schlossgartenstraße 74, 55583 Ebernburg an der Nahe, ☎ 06708/2312, ⏱ www.wein-gut-rapp.de

Mit dem Zug kann man bis Bad Münster am Stein anreisen. Von dort gelangt man mit der Buslinie 201 in die Ortsmitte Ebernburg. Die IntroTour passiert direkt die Bushaltestelle Ebernburg Mitte. ⏱ www.rnn.info

Taxizentrale Bad Kreuznach, ☎ 0671/2333 Taxi Aff, ☎ 06708/640640

Hunde können die Tour problemlos laufen. Unterwegs gibt es keinen direkten Zugang zum Wasser (auch nicht an der Nahe).

Premium-Wanderwege in der Nähe:
■ TourNatur Salinenweg, Bad Kreuznach/Bad Münster am Stein, Länge: 16.1 km
■ Geheimnisvoller Lemberg, Feilbingert, Länge: 13.5 km

Besucherbergwerke gibt es viele, doch eines, in dem Quecksilber abgebaut wurde, ist weltweit sehr rar. Tatsächlich bietet sich im schönen Nahetal die einzige Gelegenheit in Westeuropa, diesem geheimnisvollen Material als Besucher auf die Spur zu kommen.

Der Schmittenstollen befindet sich etwa 6 km naheaufwärts von Bad Münster am Stein entfernt. Nach kurzem Aufstieg kann man zwischen März und November unter Tage gehen und die über 500 Jahre alte Grube im Lemberg erkunden. Wer silbrig-flüssiges Quecksilber erwartet, wird allerdings vergeblich suchen, denn der Schmittenstollen ist ein Zinnoberbergwerk. Bei Zinnober handelt es sich um das tiefrote Hauptmineral von Quecksilber (HgS). Das Quecksilber wird durch Erhitzen aus dem Roherz gewonnen.

Der bergmännische Abbau des Zinnobers reicht bis ins Mittelalter zurück. Zuletzt wurde von 1936 bis 1942 Zinnobererz gefördert. Als Besucher kann man den etwa 1 km langen begehbaren Grubenabschnitt bei einer ganzjährigen Temperatur von ca. 8°C entweder selbstständig oder mit einer Führung erkunden. Nach dem Ausflug unter Tage lädt ein kleiner Bier- und Weingarten mit regionalen Produkten zur Stärkung ein, für die jungen Besucher steht ein Erlebnisspielplatz bereit.

www.schmittenstollen.de

Im Reich der Rosen

2.9 km	1^h 15^{min} 🕐	80 ↑▲▲↓	292 ▲	226 ♀ 🍵 266 ♂	👟👟👟👟 ⬇PSW2X8X4

Start/Ziel: Wanderparkplatz Tschifflick, Zweibrücken

🚗 **Anfahrt:** A 8 bis zur Ausfahrt 32, weiter über die L 471. An der Ampelanlage rechts abbiegen in die Annweiler Straße. Der Wanderparkplatz Tschifflick liegt links.

scanto**go**®

🅿 **Parken:** Wanderparkplatz Tschifflick
N49° 15' 03.0'' • E7° 23' 51.7''
Parkplatz Fasanerie
N49° 14' 41.7'' • E7° 23' 31.3''

📍 **Wegpunkte:**
P1 Wanderportal Tschifflick
    32 U 383400   5456548
P2 Tschifflick-Blick
    32 U 383371   5455960
P3 Portal Fasanerie
    32 U 383115   5455947
P4 Rosenpavillon
    32 U 383131   5456011
P5 Burgruine
    32 U 383324   5456614

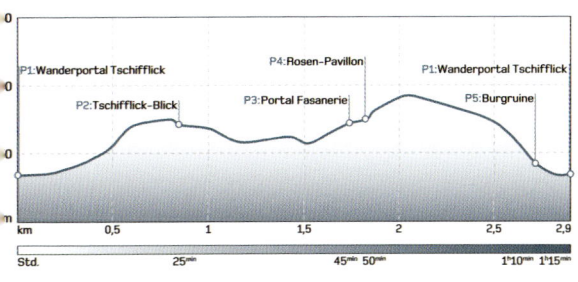

L 471

Schwarzbach

K 5

K 3

Burgruine **P5**

P1 Wanderportal Tschifflick

⚑ ≈ 2 km
Innenstadt Zweibrücken

Zweibrücken

K 5

K 3

K 3

Rosen-Pavillon
P4

P2 Tschifflick-Blick

Portal
Fasanerie
P3   Fasanerie

L 480

2%	40%	58%

0.25 km

P1: Wanderportal Tschifflick

P4: Rosen-Pavillon

P1: Wanderportal Tschifflick

P2: Tschifflick-Blick

P3: Portal Fasanerie

P5: Burgruine

km   0,5   1   1,5   2   2,5   2,9

Std.   25min   45min 50min   1h10min 1h15min

Auf diesen Wegen flanierten schon gekrönte Häupter: In unmittelbarer Stadtnähe besticht der Spazierwanderweg Zweibrücker Fasanenjagd mit einer sehr abwechslungsreichen und reizvollen Route, die uns mit dem Tschifflick-Blick, der Fasanerie und dem Wildrosengarten zu besonderen Glanzpunkten führt.

Dieser Spazierwanderweg hat gleich zwei Einstiegspunkte und Portale: Neben dem Start an der Fasanerie kann man auch am tiefsten Punkt der Tour, dem Wanderparkplatz Tschifflick beginnen. Da der Parkplatz an der Fasanerie aber 300 m vom Weg entfernt und über einen Zuweg angebunden ist, entscheiden wir uns auch aufgrund des Reliefs und des Spannungsbogens für den Start am Portal Tschifflick [1] im Tal. In jedem Fall sollte man die Runde im Uhrzeigersinn in Angriff nehmen, da so der Anstieg deutlich gemächlicher ausfällt.

Vom Wanderparkplatz aus wenden wir uns, vorbei an diversen Info-Tafeln, einem gemütlichen Waldweg zu. Im Schatten der Bäume und neben einem munter rieselnden Bach wandern wir zunächst sanft ansteigend in das idyllische Tal. Lediglich die Geräusche der nahen Fasaneriestraße verhindern,

dass wir schon hier ins Träumen kommen. Doch auch so zieht uns mit jedem Schritt die Natur fester in ihren Bann. Wir passieren eine erste Ruhebank und erreichen nach nur 600 m eine Wegkreuzung. Hier schickt uns das markante Fasanenlogo scharf links bergan. Nun wird es etwas steiler, aber der breite Fußweg ist gut zu begehen, und kaum haben wir einige Höhenmeter geschafft, dürfen wir am nächsten Wegweiser scharf rechts auf einen Waldpfad wechseln.

Nur noch gemächlich ansteigend geht es durch herrlichen Buchenhochwald. Mächtig recken sich die schlanken Stämme dem Himmel entgegen, breiten über uns ihr erhabenes Blätterdach aus und sorgen so für ein wahrhaft königliches Walderlebnis. Doch es kommt noch besser. Vor uns lichtet sich der Wald und gibt nach rechts einen phänomenalen Blick auf die Fasanerie frei. Welch ein Glück, dass hier gleich zwei Bänke zum Genießen des Tschifflick-Blicks (2) bereitstehen. Bestens beschattet durch eine weitere majestätische Buche, lassen wir die Szenerie auf uns wirken. Da ist zunächst der untere Teich mit seinen Seerosen, in den von oben über eine kleine Treppenkaskade das Wasser plätschert.

Markantes Weglogo

Steinerne Pavillons flankieren die Kaskade, hinter der sich auf einer höheren Ebene die gepflegte Anlage des Barockgartens ausbreitet. Ein Wasserbecken mit Fontäne bildet den attraktiven Mittelpunkt. Dahinter erheben sich die Gebäude des Landhotels Fasanerie, die sich nahtlos in das Ensemble einfügen. Eine Tafel erläutert uns zudem die historischen Ursprünge dieses fast magischen Ortes.

Rast im barocken Gartendenkmal

Wir sitzen auf dem sogenannten Trompetenhügel und blicken auf das barocke Gartendenkmal, das einst zur Sommerresidenz des polnischen Königs Stanislaus Leszczynski gehörte. Der musste nach der Schlacht von Poltawa ins Exil und fand in Zweibrücken Anfang des 18. Jahrhunderts eine neue Heimat, in der er sich die stilvolle Sommerresidenz namens

Der Tschifflick-Blick

Tschifflick (türkisch für „Landgut") erbauen ließ.

Es fällt schwer, sich von der königlichen Aussicht zu verabschieden, doch wir folgen dem herrlichen Waldpfad. An einer Weggabelung halten wir uns halb rechts und umrunden wenig später einen kleinen Taleinschnitt. Nun senkt sich unser Pfad ab und mündet nach 1.1 km auf einen breiten Waldweg. Wir wandern links weiter, stoßen nun erstmals auf die historische Mauer, die die Fasanerie umschließt und folgen den Logos im Bogen um das Tal leicht bergan. An einem Markierungspfosten knickt unser Spazierwanderweg scharf rechts auf einen Treppenpfad abwärts.

Bald verläuft der Pfad wieder eben neben einer meist wasserlosen Rinne und führt uns an den Waldrand: Unvermittelt werden wir aus dem Wald entlassen und stehen nun neben dem unteren Teich der historischen Sommerresidenz.

Eine Treppe neben dem Steinpavillon bringt uns zur nächsten Ebene, wo das barocke Flair der historischen Anlage sofort zu spüren ist. Vor uns plätschert im oberen Be-

cken die Wasserfontäne, zahlreiche Bänke stehen zur beschaulichen Pause bereit. Wer es erfrischender mag, kann links einige Stufen zur Kneippanlage aufsteigen.

Wir flanieren über den knirschenden Kies und steigen die wenigen Treppenstufen zum Vorplatz des heutigen Hotels auf, dessen Gartenlounge zur Einkehr lädt. Direkt an der Straße treffen wir nach 1.7 km auf die Portaltafel der Fasanerie und eine Infotafel zum Landgut „Tschifflick" (3). Hier stößt auch der 300 m lange Zuweg vom oberen Wanderparkplatz an der Fasaneriestraße auf die Rundtour (*der Hotelparkplatz ist den Hausgästen vorbehalten*).

Wir queren die Straße und betreten über eine kleine Treppe den Wildrosengarten. Zur Hauptblütezeit der wilden Schönheiten breitet sich hier im Juni ein wahres Blütenmeer aus, das von emsigen Bienen rege besucht wird. Denn alte Wildsorten bieten den Insekten reichlich Nahrung.

Wir wandern mit einigen Schlenkern durch die gepflegte Anlage und nutzen den idyllischen Rosenpavil-

An der Fasanerie

Idyllischer Waldpfad

lon **(4)** für eine entspannte Pause im Schatten. Alternativ stehen am Waldrand ein Rastplatz und eine urbequeme Sinnesbank für die verdiente Ruhepause im Grünen bereit.

Ein Tor im Zaun entlässt uns danach in den angrenzenden Wald, wo wir links einem bequemen Weg sanft bergan folgen. Dabei haben wir weiterhin den Wildrosengarten im Blick. Nach **2 km** laufen wir durch eine Öffnung der Fasaneriemauer hindurch und befinden

Majestätische Fontäne im Barockgarten

uns nun zwischen Wald und Feld. Wir schwenken nach rechts und flanieren außen an der historischen Mauer entlang. Doch schon bald bringt uns ein kleiner Versatz wieder auf die Innenseite des alten Gemäuers.

Hautnah spüren wir nun die Historie dieses Ortes, was ein uralter verwitterter Grenzstein am Wegesrand noch untermauert. Andererseits ist es wieder der herrliche Buchenwald, der für entspannte Stimmung sorgt und uns tief durchatmen lässt. Schließlich gelangen wir an eine Mehrfachkreuzung, an der wir halb rechts weiterwandern und uns dabei von der bisher begleitenden Mauer entfernen. Zudem senkt sich unser Waldpfad nun sehr deutlich ab, und rasch verlieren wir an Höhe. Nach **2.7 km** gelangen wir noch einmal an den Rand einer Lichtung und staunen nicht schlecht. Vor uns sind Mauerreste einer mittelalterlichen Ruine **(5)** zu sehen. Viel ist allerdings nicht mehr übrig von dem einst sicherlich trutzigen Wehrbau.

Wir biegen links ab und gelangen über eine Treppe auf einen etwas tiefer verlaufenden Weg. Dem folgen wir nach rechts und treffen kurz darauf an der Fasaneriestraße ein. Vorsichtig queren wir die Straße und stehen wieder am Parkplatz des Wanderportals Tschifflick **(1)**, wo nach **2.9 km** diese an Kultur- wie Naturattraktionen reiche Rundwanderung zu Ende geht.

🚶/ FAZIT

Der Weg verlangt keine besonderen Fähigkeiten und nur normale Kondition. Festes Schuhwerk ist aber wegen der Naturweganteile empfehlenswert. Aufgrund des Reliefs und des Erlebnispotenzials empfiehlt es sich, die Tour, wie beschrieben, im Uhrzeigersinn zu absolvieren.

Schlüsselstellen: Der Weg weist keine besonders anspruchsvollen Schlüsselstellen auf.

Kultur- und Verkehrsamt Zweibrücken, Maxstraße 1, 66482 Zweibrücken, ☎ 06332/871471, ⏱ www.zweibruecken.de

Alter Bahnhof, Tschifflick 2, 66482 Zweibrücken, ☎ 06332/460813, ⏱ www.alter-bahnhof.net
■ Valentins Wirtshaus & Biergarten, Geschwister-Scholl-Allee 13, 66482 Zweibrücken, ☎ 06332/4814432, ⏱ www.valentins-biergarten.com
■ Hahnberghütte, Pfälzerwaldverein, Hahnbergstraße, 66497 Contwig, ☎ 06332/903881, ⏱ www.pwv-zweibruecken.de

Romantik Hotel Landschloss Fasanerie, Fasanerie 1, 66482 Zweibrücken, ☎ 06332/973-0, ⏱ www.landschloss-fasanerie.de
■ Hotel Rosengarten am Park, Rosengartenstraße 60, 66482 Zweibrücken, ☎ 06332/9770, ⏱ www.rosengarten-am-park.com
■ Hotel und Landgasthof Zur Alten Scheune, Zweibrücker Str. 1, 66482 Zweibrücken-

Oberaubach, ☎ 06337/995280, ⏱ www.zur-alten-scheune-zw.de

Zug bis Hbf. Zweibrücken. Zu Fuß zum Busbahnhof. Buslinien 224 oder 225 Richtung Niederaubach bis Haltestelle Scheidbergstraße, dann den ausgeschilderten Zuweg laufen. ⏱ www.stadt-bus-zw.de

Wohnmobilstellplätze Freizeitgelände an der Schließ, Geschwister-Scholl-Allee 11, 66482 Zweibrücken, ☎ 06332/9770, ⏱ www.valentins-biergarten.com
■ Campingplatz Hengstbachermühle, Hengstbachermühle 1, 66482 Zweibrücken, ☎ 06332/18128, ⏱ www.camping-hengstbachermuehle.de

Taxi Zentrale Witt, Zweibrücken ☎ 06332/3131, ⏱ www.taxi.de

Hunde können die Tour problemlos laufen. Unterwegs gibt es lediglich im Tal nach dem Parkplatz Tschifflick Zugang zu einem Bach.

Was wäre ein Besuch in der Rosenstadt Zweibrücken ohne einen Spaziergang durch den berühmten Rosengarten. Auf einem riesigen Areal von mehr als 50.000 Quadratmetern schlendert der Besucher, durch ein farbenfrohes Blütenmeer. Nicht weniger als 2000 Rosensorten wetteifern an über 60 000 Rosenstöcken um die Aufmerksamkeit der Besucher.

Gegründet im Jahr 1914, sollte der Rosengarten neuen Sorten eine Plattform bieten. Längst ist der Rosengarten aber auch ein Ort der Entspannung und Muße und ein attraktives Ausflugsziel für Rosen- und Gartenfreunde aus aller Welt. Zwischen April und Anfang November öffnen sich die Tore des Gartens und laden zum Verweilen zwischen Rosen, Rhododendren und Dahlien ein.

Neben thematischen Gärten gibt es auch eine große Picknickwiese mit Spielplatz. Ein Biergarten und ein Kiosk sorgen fürs leibliche Wohl. Um schon Kinder für das Thema zu begeistern, dürfen alle Besucher bis 12 Jahre an der „Rosengartenralley" teilnehmen, bei der man Rätselbildern auf die Spur kommen muss.

🕐 www.rosengarten-zweibruecken.de

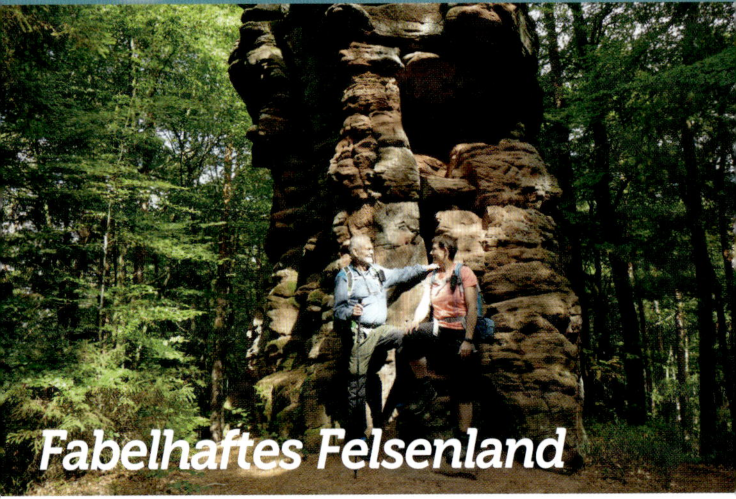

Fabelhaftes Felsenland

5.3 km	2ʰ 30ᵐⁱⁿ 🕐	↑🏔↓ 136	🔺 309	♀ 420 🍫 494 ♂	👢👢👢👢

⬇ PSW2X9X3

Start/Ziel: Parkplatz Dahner Hütte

Anfahrt: Über die B 427 nach Dahn. Kurz vor dem Ort rechts auf die Zufahrt zur Dahner Hütte. Adresse: Im Schneiderfeld, 66994 Dahn

Parken: Parkplatz Dahner Hütte
N49° 08' 54.8'' • E7° 45' 21.5''

Wegpunkte:

P1 Parkplatz Dahner Hütte
   32 U 409264   5444724

P2 Tripelpunkt
   32 U 409359   5444866

P3 Elwetritschefels
   32 U 409415   5444846

P4 Satansbrocken
   32 U 409638   5445785

P5 Ruine Neudahn
   32 U 409408   5446294

P6 Dahner Felsentor
   32 U 409393   5446517

scan to go®

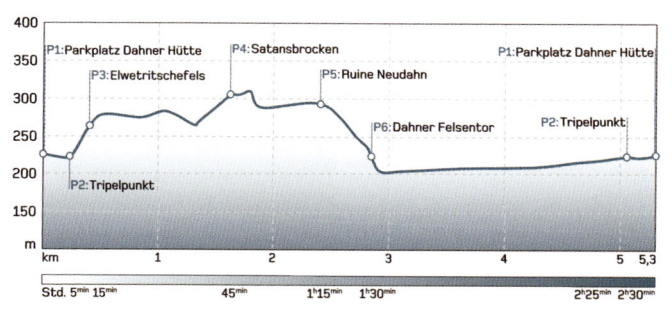

Abwechslung wird großgeschrieben auf der Burg Neudahn–Tour: Zwischen Seibertsbach, Elwetritschefels und Großtaler Hals erleben wir den Pfälzerwald von seiner besten Seite und genießen Waldwandern auf höchstem Niveau. Burg Neudahn steuert eine Prise Mittelalter bei, bevor wir durch das idyllisch–ruhige Moosbachtal zur Dahner Hütte wandern.

Eigentlich befinden sich das Portal und der Startpunkt der Neudahn-Tour direkt an der Dahner Hütte. Wir aber beginnen zunächst am Parkplatz der Dahner Hütte **(1)** und heben uns den Besuch der Hütte für die Schlusseinkehr auf.

Vom hinteren Bereich des Parkplatzes folgen wir dem mit zahlreichen Markierungslogos ausgewiesenen Weg mit einer Rechtskurve in den Wald. Schon nach **140 m** queren wir die Zufahrtsstraße und erreichen auf einem Wirtschaftsweg den idyllischen Talgrund. Am Fuß des Elwetritschefels empfängt uns ein großer Wegweiser. Die Neudahn-Tour biegt zunächst links ab. Doch nur wenige Schritte später stehen wir an der nächsten Verzweigung und dem nächsten Wegweiser. Hier am Tripelpunkt **(2)** unserer Wanderung halten wir uns nun rechts und nehmen den kurzen, aber herausfordernden Anstieg zum Elwetritschefels in

Angriff. Doch keine Angst: Der Pfad führt zwar stetig bergan, nimmt dabei aber zahlreiche Serpentinen, sodass der Anstieg nie zu steil wird. Querlaufende Wurzeln und manche Steinstufe verlangen aber gute Aufmerksamkeit und Trittsicherheit.

Und dann ist es auch schon geschafft: Nach **0.4 km** können wir ein erstes Mal durchschnaufen, denn wir sind nun oben auf dem Elwetritschefels **(3)**. Es ist

Auf dem Elwetritschefels

nur ein kurzer Abstecher nach rechts, dann steht eine Bank mit herrlichem Talblick zum Ausruhen bereit, und wer weiß, mit etwas Glück lassen sich vielleicht auch die namensgebenden sagenhaften und sehr scheuen Fabelwesen des Pfälzerwaldes blicken ...

Zurück auf dem Weg setzen wir im Schatten des Nadelwaldes den Aufstieg nun deutlich gemächlicher fort. An einem sandigen Querweg schickt uns ein Wegweiser nach links, während der uns bisher begleitende Dahner Felsenpfad rechts abbiegt. Was nun folgt, ist Genusswandern pur. Ohne wesentlichen Höhenunterschied dürfen wir durch den herrlich duftenden Wald wandern. Eine Bank am Wegesrand

lädt kurz darauf zum Verweilen ein, und wir sind begeistert ob der unendlichen Stille, die sich um uns ausbreitet und die nur die Wenigsten von uns im Alltag erleben dürfen. Allenfalls das Rauschen der Blätter und das Zirpen der gefiederten Waldbewohner sorgen für lautmalerische Untermalung unseres Waldglücks.

Nach **1.1 km** treffen wir am nächsten Wegweiser ein, der uns links auf einen sanft abfallenden Waldweg schickt. Viel Höhe verlieren wir nicht, bis wir kurz darauf an der Vielfachkreuzung am „Großtaler Hals" eintreffen. Hier gesellen sich an einer Bank und einem Wegweiser für den Rest der Strecke die Premiumwege Felsenland Sagenweg

Am Dahner Felsentor

und Dahner Rundwanderweg zu uns. Gemeinsam geht es zunächst geradeaus, nach kleinem Anstieg dann rechts auf einem Waldweg weiter. Sanft setzt sich der Anstieg unter den schattigen Wipfeln von Kiefern, Lärchen, Buchen und Eichen fort.

400 Meter weiter wird es dann aber wieder etwas anstrengender, denn nun biegen wir scharf rechts ab und erobern mit deutlichem Höhengewinn die nächste Felsrippe. Schon von Weitem erkennen wir den ersten Felsenturm, der den klangvollen Namen „Satansbrocken" (4) trägt. Tatsächlich schaut der Steinkoloss aber gar nicht so teuflisch aus. Wir wandern rechts des Felsens weiter und erspähen schon kurz darauf die nächste eigentümliche Felsformation, die ihrem Namen „Hexenpilz" alle Ehre macht.

Diesmal wenden wir uns nach links, passieren den Hexenpilz und bewundern von unserem schmalen Pfad aus die eindrucksvoll geschichteten, rot leuchtenden Felsen. Viel zu schnell liegt dieser geologische Höhepunkt hinter uns, doch zum Glück steht nach 1.8 km eine Bank bereit, von der aus wir

die Felsformation noch einmal in Ruhe betrachten können.

In engen Kurven senkt sich unser Pfad ab, bevor er sich zum bequemen Waldweg mausert, auf dem wir entspannt ausschreiten können.

Unvermittelt öffnet sich nach 2.4 km die Waldkulisse, und wir ergattern einen ersten Blick auf ein Gemäuer: Kein Zweifel, das muss die Ruine Neudahn (5) sein. Als wir vollends aus dem Wald treten, ragen die trutzigen Mauern der Burg himmelhoch vor uns auf. Eine Tafel erläutert Wissenswertes zur einstmals wehrhaften Burg, und wir lassen uns natürlich die Umrundung und Besteigung der Ruine nicht entgehen. Im nördlichen Turm erobern wir über eine Wendeltreppe Schritt für Schritt die Burg und können, oben angelangt, eine tolle Aussicht genießen. Auch heute noch beeindruckt uns die Ruine mit ihren enorm dicken Mauern und mit den trutzigen Batterietürmen aus dem 16. Jahrhundert.

Nach ausgiebigem Burgenrundgang kehren wir zurück auf unseren Spazierwanderweg und stellen uns der schwierigsten Passage der

Der Satansbrocken

Tour: dem Abstieg zum Felsentor. Der erfolgt auf einem hohlwegartigen Waldweg, der allerdings sehr steinig (Achtung: auch lose Steine!) ist und daher volle Aufmerksamkeit und gute Trittsicherheit verlangt. Auch einige Wurzeln laufen quer über den Weg. Besonders bei Nässe muss man auf diesem Wegabschnitt wirklich vorsichtig wandern.

Nach Querung eines Waldweges wird der Abstieg gemächlicher, der Weg besser und schließlich gelangen wir nach 2.8 km zu einer Bank. Von hier geht es auf gewundenem Pfad weiter abwärts, und nur zwei Schlenker später stehen wir unter einer Felswand und können durch das Dahner Felsentor (6) blicken!

Nun ist es nicht mehr weit, bis unser Pfad endet und uns auf den asphaltierten Radweg im Tal entlässt. Wir biegen scharf links auf den Talweg ab und wandern bei bestem Blick über das Wieslauter Tal zum Abzweig Richtung nahe gelegenem Haltepunkt Moosbachtal (hier halten in der Saison der „Bundenthaler" und der „Felsenland-Express"). Wir verlassen hier den Radweg und wechseln links auf einen anfangs befestigten, bald

Geologie zum Anfassen

aber naturbelassenen Fußweg ins Moosbachtal. Jetzt wird es entspannt: Wir wandern nun ohne wesentliche Höhenänderung zwischen Wald und Campingplatz entlang und erspähen ab und an einen Blick auf den Neudahner Weiher.

Bald haben wir das Ende des Campingplatzes erreicht und dürfen nun per Pfad in den lichten Wald abtauchen. Wir bleiben im Tal und erfreuen uns anfangs noch über den See, dessen Binsengräser leise im Wind wippen. Dann übernehmen wilde Talwiesen die Begleitung auf der rechten Seite, während links hochgewachsener Mischwald und ab und an eine Felsformation für Kurzweil sorgen. Zweimal passieren wir zudem eine einladende Bank,

sodass der Entschleunigung und Entspannung nichts mehr entgegensteht.

Nach **4.8 km** gabelt sich das Tal, und wir folgen nun geradeaus dem Seibertsbach zum nahen Tripelpunkt der Tour (2). Von hier kennen wir den Weg bereits: Wir biegen am breiten Wirtschaftsweg unterhalb des Elwetritschefelsens nach rechts, queren die Zufahrt zur Dahner Hütte und wandern auf dem Waldweg zum Parkplatz (1). Nun lassen wir es uns nach **5.3 km** aber nicht entgehen, der nahen Dahner Hütte noch einen Besuch abzustatten und diese herrliche Spazierwanderung bei einer zünftigen Pfälzer Einkehr gemütlich ausklingen zu lassen.

⽂/ FAZIT

Kurz, schön, aber auch oho: Die Neudahn-Tour beinhaltet einen strammen Aufstieg zu Beginn, mehrere kleine An- und Abstiege unterwegs und einen steilen Abstieg zum Felsentor auf recht steinigem Weg. Daher sind feste Wanderschuhe und sehr gute Trittsicherheit sowie mindestens durchschnittliche Kondition für einen echten Wandergenuss notwendig. Wanderstöcke sind sinnvoll. Die Tour sollte gegen den Uhrzeigersinn absolviert werden, da so die Steigungen weniger fordernd sind.

Schlüsselstellen: Der Weg verläuft immer wieder über steinigen Grund, lose Steine sind dabei nicht auszuschließen. Besonders anspruchsvoll ist der Abstieg von der Ruine Neudahn zum Felsentor.

Tourist-Information Dahner Felsenland, Schulstr. 29, 66994 Dahn, ✆ 06391/9196222, ⏰ www.dahner-felsenland.de

PWV Dahner Hütte, ✆ 06391-1793

Jugendherberge Dahn, Am Wachtfelsen 1, 66994 Dahn, ✆ 06391-1769
■ Hotel Felsenland, Im Büttelwoog 2, 66994 Dahn, ✆ 06391/92370, ⏰ www.mein-felsenland.de

Mit der Bahn bis Hinterweidenthal. Weiter per Bus oder Ruftaxi nach Dahn.
■ Im Dahner Felsenland fährt auf festen Linien ein Anruf-Sammeltaxi. Anmeldung mind. 1 Std. vorher, ✆ 06391/ 1824. ⏰ www.taxi-traxel.de
■ Mai-Oktober „Bundenthaler" oder „Felsenland-Express" von Mannheim bzw. Karlsruhe bis Haltepunkt Moosbachtal, dort in die Tour einsteigen. Infos: ⏰ www.vrn.de

Campingplatz Neudahner Weiher: Günther Jacobi, Neudahner Weiher 5, 66994 Dahn, ✆ 06391/1326, ⏰ www.neudahner-weiher.de
■ Ferienzentrum „Campingplatz Neudahn": Familie Horlemann & Hagedorn, Neudahner Weiher, 66994 Dahn, ✆ 06391/1697, ⏰ www.ferienzentrum-neudahn.de

Helmut's Taxi, Dahn, ✆ 06391/5689
■ Taxi Traxel, ✆ 06391/1824, ⏰ www.taxi-traxel.de

Geländegängige Hunde können den Weg laufen. Steile Treppen und Stiege in den Burgen sind ungünstig für Hunde. Unterwegs gibt es kaum Zugang zu Wasser.

Premium-Wanderwege in der Nähe:
■ Dahner Felsenpfad, Dahn, Länge: 12.5 km
■ Dahner Rundwanderweg, Dahn, Länge: 19.8 km
■ Felsenland Sagenweg, Streckenweg mit 5 Etappen, Länge: 92 km

Heinrich von Dahn sah sich 1240, bedingt durch Platzmangel und Streit mit der Familie, veranlasst, Burg Neudahn in Auftrag zu geben. Wichtig war die Burg aber auch, um die Sicherung des Handelswegs im Tal zu gewährleisten. Nachdem Heinrich von Dahns Familie ausgestorben war, fiel die Burg dem Altdahner Familienzweig zu.

Einschneidend war das Jahr 1438, als Burg Neudahn durch einen Brand zerstört wurde und wiederaufgebaut werden musste. Doch auch in den folgenden Jahrhunderten wurde an der Burg weitergebaut. So entstanden Anfang des 16. Jahrhunderts die heute noch beeindruckenden Batterietürme. Nach dem Tod von Ludwig von Dahn im Jahr 1603 kam die Burg in den Besitz des Bistums Speyer und diente dem eingesetzten Amtmann als Wohnsitz. Der Pfälzische Erbfolgekrieg führte im Jahr 1689 zur endgültigen Zerstörung und Aufgabe der Burg, deren restaurierte Ruine dennoch bis heute sehr beeindruckend ist.

Riesen in Rot

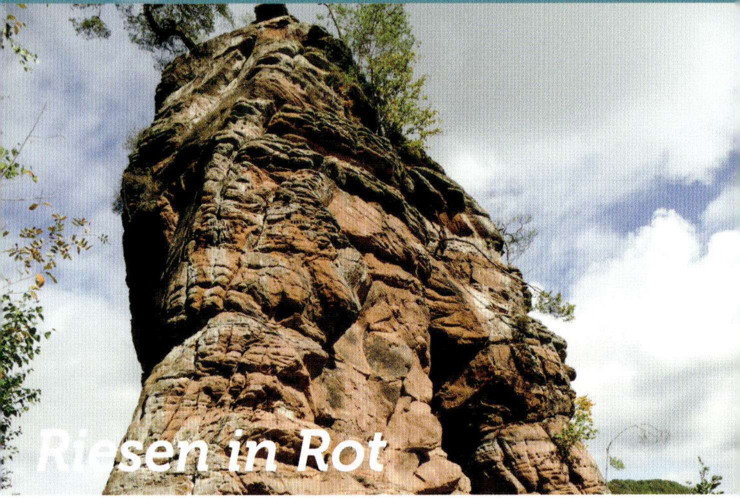

5.3 km	2ʰ 30ᵐⁱⁿ 🕐	161 ↑🏔↓	283 🔺	434 ♀	510 ♂	👟👟👟👟

⬇ PSW21XX2

🔵 **Start/Ziel:** Parkplatz Dahner Hütte

🚗 **Anfahrt:** B 427 nach Dahn. Kurz vor dem Ort rechts Richtung Dahner Hütte. Adresse: Im Schneiderfeld, 66994 Dahn

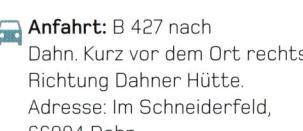

scan∙go®

🅿 **Parken:** Parkplatz Dahner Hütte
N49° 08' 54.8" • E7° 45' 21.5"

📍 **Wegpunkte:**
P1 Parkplatz Dahner Hütte
32 U 409264   5444724
P2 Jakobsfelsen
32 U 410152   5445160
P3 Kneippanlage
32 U 410454   5444867
P4 Schillerfelsen
32 U 410393   5444867
P5 Schwalbenfelsen
32 U 410424   5444746
P6 Felsenarena
32 U 410232   5444613
P7 Dahner Hütte
32 U 409209   5444628

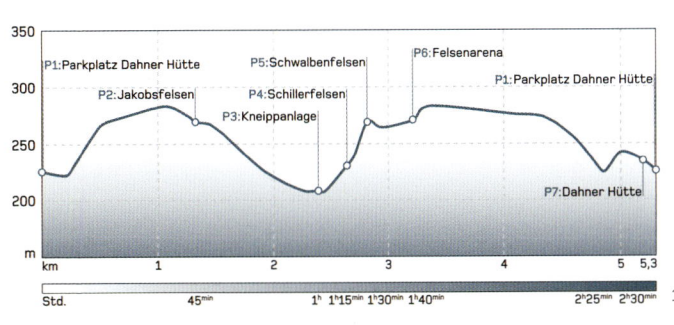

Moosbach

Kauert
▲
316

Jakobsfelsen P2

Wieslauter

B 427

Kneippanlage
P3
Schillerfelsen P4

Dahn

P
Parkplatz Dahner
P1 Hütte

Dahner P7
Hütte

P5
Schwalben-
felsen

P6
Felsenarena

Selbertsbach

Felsland
Badeparadies

Büttelwoog

0.25 km

4%   11%   85%

350

300 P1:Parkplatz Dahner Hütte   P5:Schwalbenfelsen   P6:Felsenarena
        P2:Jakobsfelsen   P1:Parkplatz Dahner Hütte
                                                        P4:Schillerfelsen
250   P3:Kneippanlage

200   P7:Dahner Hütte

m
    km   1   2   3   4   5   5,3

Std.   45min   1h 1h15min 1h30min 1h40min   2h25min 2h30min   109

Schillerfelsen

Roter Fels und weite Blicke: Die Kauert-Tour führt durch herrliche Waldpassagen und vorbei an sagenhaften Felsenaussichten. Und natürlich bekommen wir ausgiebig Gelegenheit, mit dem geologischen Untergrund auf Tuchfühlung zu gehen. Zum Abschluss lockt die Einkehr in der Dahner Hütte.

Los geht es am Parkplatz der Dahner Hütte **[1]**. Den Besuch in der urigen Dahner Hütte heben wir uns für den Abschluss auf und nehmen daher die Rundwanderung im Uhrzeigersinn unter die Füße. Vom Parkplatz aus spazieren wir auf dem mit zahlreichen Logos markierten Waldweg zur Zufahrtsstraße. Wir laufen halb rechts, queren den Seibertsbach und stehen nach nur **140 m** am ersten Wegweiser der Tour unterhalb des Elwetritschefelsens. Nach rechts folgen wir der mit schwarzem K auf weißem Grund markierten Kauert-Tour.

Auf dem breiten Talweg sind es nur wenige Schritte, bis uns die Logos links auf einen ansteigenden Waldpfad leiten. Einer der alten, für den Pfälzerwald so typischen Wegsteine klärt darüber auf, dass wir uns nun auf dem Otto Eisel-Pfad bewegen. Gemächlich, aber stetig gewinnen wir an Höhe und müssen dabei unserem Pfad wegen immer wieder querliegender Wurzeln gute

Aufmerksamkeit widmen. Doch es bleibt Zeit genug, den artenreichen Mischwald und die herrliche Stille zu genießen.

Langsam wechselt die Vegetation in reinen Nadelwald, an warmen Sommertagen liegt herrlich würziger Harzduft in der Luft. Und dann schiebt sich auch noch ein erster Fels an den Wegesrand und weckt unsere Neugier auf mehr davon. Die Kauert-Tour wird uns diesen Wunsch in der zweiten Weghälfte erfüllen.

Nach **0.6 km** haben wir die Weihersebene erreicht, und unser Pfad trifft an einer Bank auf einen querenden Forstweg, auf dem auch der Dahner Felsenpfad verläuft. Wir wenden uns nach links und wandern unbeschwert und ohne großen Höhenunterschied durch den noch immer von Fichten, Tannen und Kiefern dominierten Wald. Schon an der nächsten Weggabelung verlässt uns der Dahner Felsenpfad wieder, während wir halb rechts Richtung Jakobsfelsen laufen. Wir befinden uns mittlerweile auf der Kauertebene und erfreuen uns am umgebenden Wald, der nun auch wieder zunehmend Buchen aufzuweisen hat. An der folgenden Kreuzung steht wieder eine Bank zum Verschnaufen bereit, doch wir laufen zielstrebig geradeaus weiter und lassen auch den im dichten Wald verborgenen Sendemast links liegen.

Ein federnder Waldpfad führt uns an einem weiteren kleinen Felsriegel vorbei und mit einigen Schlenkern sanft abwärts. Und dann ist es so weit: Die Waldkulisse öffnet sich, und vom Jakobsfelsen (2) aus liegt uns Dahn nach 1.3 km buchstäblich zu Füßen. Vergnügt lassen wir uns auf der bestens positionierten Bank nieder und kosten das herrliche Panorama in Ruhe aus. Der Blick schweift vom Jungfernsprung ganz links über Dahn zum Burgendreigestirn Altdahn und weiter zu den markanten Felsen des Hochsteinmassivs.

Es fällt uns ziemlich schwer, diese grandiose Aussicht zu verlassen, doch noch liegt mehr als die Hälfte des Wegs vor uns und wir sind gespannt, was uns noch alles erwartet. So folgen wir dem Pfad zurück in den Wald und bewältigen den Abstieg in zahlreichen Kurven. Dank der perfekten Markierung sind die vielen Richtungswechsel problemlos und wir können unterwegs noch einmal einen Premiumblick zum Jungfernsprung erhaschen. Dann umfängt uns wieder dichter Jungwald. Schließlich ist der Abstieg geschafft und wir wechseln von unserem Pfad auf die Schillerstraße.

Hohle Gasse

Kaum haben wir einige Schritte in der wenig belebten Straße
gemacht, erblicken wir bereits den
eindrucksvollen Bogen des Schiller-
felsens. Da wollen wir hinauf. Doch
zuvor bietet sich nach **2.4 km** an
der Wassertretanlage **[3]** die Gelegenheit zur belebenden Kneipp-
anwendung.

Erfrischt biegen wir am Wegweiser nach der Kneippanlage scharf
rechts ab und folgen am Rand der
Wiese dem schmalen Pfad links in
den dichten Jungwald. Kurz darauf
stoßen wir auf einen Querweg und
biegen scharf rechts ab.

Nun begleitet uns auch der Dahner
Felsenpfad wieder, und Schritt für
Schritt erobern wir den Hang Richtung Schillerfelsen. Etliche Meter
weiter oben stehen wir dann direkt
an dem beeindruckenden roten
Riesen, dem Schillerfelsen **[4]**. Es
ist uns rätselhaft, wie es die Kiefern und Birken schaffen, sich auf
dem nackten Fels zu halten, doch
setzen sie sehenswerte Kontra-
punkte zum tiefrot leuchtenden
Felsen. Bei näherem Hinsehen
erkennen wir die Bänderung und
Klüfte im Gestein, das vor Jahrmilli-
onen entstanden ist.

Am Felsriegel setzen wir den
Aufstieg fort und bekommen in
einer Felslücke Gelegenheit zur
entspannten Pause: Flankiert von
kleinen Steintürmchen, wartet eine
Bank auf uns. Besonders gut haben
wir nun wieder das Burgendreigestirn um die Ruine Altdahn im Blick.
Anschließend geht es über einige
Stufen und einen Waldpfad stets
eng am Felsen weiter bergan. Doch
dann wird es richtig spannend:
Unser Pfad führt uns durch einen
schmalen Felsspalt – wohl dem, der
auf eine schlanke Linie geachtet
hat ...

Kaum haben wir das Felsentor
erfolgreich passiert, dürfen wir auf
herrlichem Waldpfad im Halbbogen
zur nächsten Attraktion wandern:
Nach **3 km** lädt uns der Schwalbenfelsen **[5]** zum Gipfelsturm ein.
Mithilfe der in den Fels gehauenen
Stufen steigen wir dem rosaroten
Riesen aufs Dach und schwelgen
im grandiosen Panoramablick über
Dahn und Umgebung.
Mit neuen Eindrücken folgen wir
nach diesem Exkurs dem sandigen
Pfad ohne größere Höhenunter-
schiede durch luftigen Kiefernwald.
Bald lichtet sich der Wald und gibt
den Blick frei auf die nächsten

Aufstieg am Schillerfelsen

Felsen. Aber die eigentliche Über-
raschung offenbart sich uns erst,
als wir um eine Kurve biegen und
nun der Fels wie in einer gebogenen
Arena neben unserem Pfad in den
Himmel strebt. Kein Zweifel: Das ist
die Felsenarena (6), deren rotes
Gestein uns mit tollen Formationen
sofort in ihren Bann zieht. Noch wie
betäubt, bemerken wir nach der
nächsten Biegung die Anstrengung
des nun folgenden kurzen Anstiegs
kaum, denn noch läuft in unserm
Kopf das Felsenkino.

Oben angekommen, lädt uns ein
Rastplatz rechts des Weges zur
Pause ein. Ein Wegweiser schickt
uns dagegen links auf einen eben
verlaufenden Waldweg, dessen
Teppich aus Nadeln unsere Schritte
dämpft. Diese ruhige Waldpassage
gibt uns Gelegenheit, die bishe-
rigen Eindrücke zu verarbeiten
und im halbschattigen Nadelwald
vom Urlaub in südlichen Ländern
zu träumen. Denn genau danach
riecht es auch hier wieder, sobald
wärmende Sonnenstrahlen auf die
würzigen, ölreichen Kiefernnadeln
treffen. Dazu knirscht der Sand
unter unseren Sohlen und sorgt für
mediterrane Urlaubsgefühle mitten
in der Pfalz.

Eyberg-Tour

Kauert-Tour

Nach **4.1 km** treffen wir einen querenden Waldweg und wenden uns nach links. Wir wandern jetzt wieder auf den Ausläufern der Weihersebene und kommen rasch zur nächsten Kreuzung, an der wir nun auch in Begleitung des Gespensterlogos des Felsenland Sagenweges scharf rechts abbiegen. Zunächst verlieren wir nur zaghaft an Höhe, doch nachdem wir eine von Steinmännchen gesäumte Kurve umrundet haben, geht es deutlich abwärts. Schon sehen wir voraus den nächsten Wegweiser, an dem die Kauert-Tour scharf links abknickt. Erneut heißt es Höhe verlieren, wobei wir auf den Untergrund achten sollten, denn immer wieder liegen Steine auf dem Weg oder laufen Wurzeln quer. Doch dann ist es geschafft, und an einem breiten Forstweg verlassen wir den Wald und laufen geradeaus durch die Talaue des Seibertsbachs.

Leise murmelt der kleine, von Binsen gerahmte Bach, als wir die Talsohle queren und bald wieder im Wald sanft bergan wandern. Am Wegweiser Kühwoog wechseln wir ein letztes Mal die Richtung und biegen rechts ab. Schon dringen fröhliche Stimmen an unsere Ohren, und nach **5.2 km** ist das letzte Zwischenziel erreicht: die Dahner Hütte **(7)**, die mit uriger Atmosphäre, Pfälzer Leckereien und einer verdienten Schorle zur Einkehr lockt. Bestens gestärkt, schaffen wir dann den kurzen Abstieg hinab zum Parkplatz **(1)**, wo sich der Kreis dieser herrlichen Felsenwanderung schließt.

🚶/ FAZIT

Die Tour beinhaltet mehrere An-und Abstiege. Der Untergrund ist teilweise steinig oder von Wurzeln durchsetzt. Daher sind feste Wanderschuhe und sehr gute Trittsicherheit sowie mindestens durchschnittliche Kondition notwendig. Wanderstöcke sind sinnvoll.

Schlüsselstellen: Der Weg verläuft immer wieder über steinigen Grund, lose Steine sind dabei nicht auszuschließen. Besonders der Aufstieg zum Schillerfelsen und die folgende Pfadpassage zum Schwalbenfelsen verlangen sehr gute Trittsicherheit und volle Aufmerksamkeit.

Tourist-Information Dahner Felsenland, Schulstr. 29, 66994 Dahn, ☎ 06391/9196222, ⏰ www. dahner-felsenland.de

PWV Dahner Hütte, ☎ 06391-1793, April-Okt. ■ Gaststätte am Campingplatz Büttelwoog, ☎ 06391-5277, tgl.

Jugendherberge Dahn, Am Wachtfelsen 1, 66994 Dahn, ☎ 06391-1769 ■ Hotel Felsenland, Im Büttel-woog 2, 66994 Dahn, ☎ 06391-92370, ⏰ www.meinfelsenland.de ■ Hotel Pfalzblick, Goethestra-ße 1, 66994 Dahn, ☎ 06391-4040, ⏰ www.pfalzblick.de

Mit der Bahn bis Hinter-weidenthal. Weiter per Bus oder Ruftaxi nach Dahn. ■ Im Dahner Felsenland fährt auf festen Linien ein Anruf-Sammeltaxi. Anmeldung mind. 1 Std. vorher, ☎ 06391/ 1824. ⏰ www.taxi-traxel.de ■ Mai-Oktober „Bundenthalor" oder „Felsenland-Express" von Mannheim bzw. Karlsruhe bis Haltepunkt Moosbachtal, dort

in die Tour einsteigen. Infos: ⏰ www.vrn.de

 Campingplatz Büttelwoog, Im Büttelwoog, 66994 Dahn, ☎ 06391/5622, ⏰ www. camping-buettelwoog.de ■ Campingplatz Neudahner Weiher, Neudahner Weiher 5, 66994 Dahn, ☎ 06391/1326, Fax 06391/409591, ⏰ www. neudahner-weiher.de ■ Ferienzentrum „Camping-platz Neudahn": Neudah-ner Weiher, 66994 Dahn, ☎ 06391/1697, ⏰ www.ferien-zentrum-neudahn.de

Helmut's Taxi Dahn, ☎ 06391/5689 ■ Taxi Traxel, ☎ 06391/1824, ⏰ www.taxi-traxel.de

 Geländegängige Hunde können die Tour gut laufen. Wasser ist unterwegs jedoch Mangelware.

Premium-Wanderwege in der Nähe:
▶ siehe Tour 9

Sie sind teilweise sehr bizzar ge-
formt, oft leuchten sie tiefrot oder
zeigen sich mit hellen Bänderungen.
Mal ragen sie weithin sichtbar über
die Wipfel der Bäume, mal verste-
cken sie sich im tiefen Wald. Mal sind
sie schroff und steil, mal von Blasen
angenagt, mal bilden sie kühne Bögen
oder filigrane Türmchen. Aber wie
sind sie eigentlich entstanden, die
Felsen der Südpfalz rund um Dahn?

Der Ursprung der beeindruckenden Buntsandsteinformationen
des Pfälzerwaldes liegt gut 245 Millionen Jahre vor unserer
heutigen Zeit. Damals herrschte ein heißes, wüstenartiges Klima.
Der Wind trug Staub und Sand in Becken und Vertiefungen im
heutigen Gebiet des Pfälzerwaldes ein. So entstanden Ablage-
rungen mit einer Mächtigkeit von bis zu 500 m, die sich später
zum typisch roten, manchmal auch ockerfarbenen Sandstein
verfestigten.

Episodische marine Einflüsse sind für die zum Teil spektakulären
Schrägschichtungen des Sedimentgesteins verantwortlich, die
auch der Laie an entsprechenden Aufschlüssen klar erkennen
kann. Die oft auftretenden Blasen und Hohlräume im Sandstein
sind dagegen Verwitterungsformen, die auf Winderosion zurück-
zuführen sind. Die tiefrote Färbung der Felsen kommt durch die
Einlagerung von Eisenoxyd zustande.

Wer mehr über die geologischen Hintergründe erfahren möchte, sollte den geologischen Lehrpfad an den Fladensteinen bei
Bundenthal (die 2. Etappe des Felsenland Sagenweges passiert
den Lehrpfad) unbedingt besuchen.

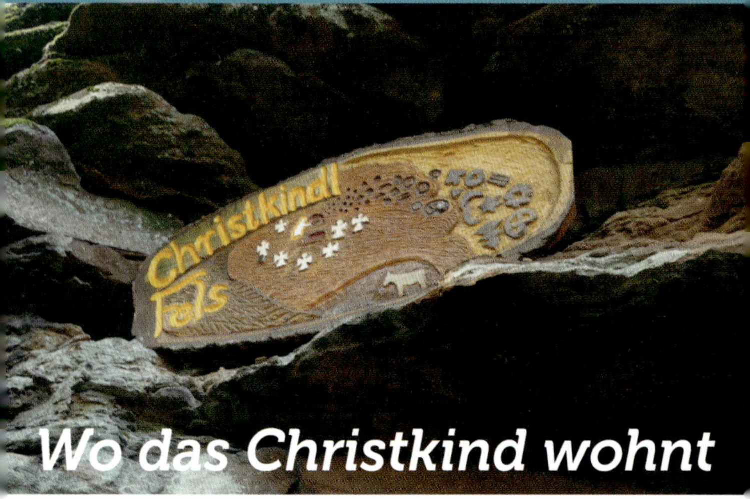

Wo das Christkind wohnt

| 4.9 km | 2ʰ ⏱ | 161 ↑▲↓ | 360 ▲ | 391 ♀ ☕ 460 ♂ | 👟👟👟👟 ⬇ PSW211X1 |

Start/Ziel: Parkplatz Kirche Rumbach

Anfahrt: Von Dahn B 427 bis zum Kreisel, über L 489 durch das Wieslauter Tal bis Bundenthal. L 478 Richtung Fischbach. Parkplatz an der Kirche in Rumbach.

Parken: Kirche Rumbach
N49° 05′ 46.1″ • E7° 47′ 02.0″

Wegpunkte:
P1 Parkplatz Kirche Rumbach
    32 U 411230   5438855
P2 Erster Fledermausstollen
    32 U 411134   5438097
P3 Christkindelfels
    32 U 410779   5438023
P4 Langentalblick
    32 U 410141   5438023
P5 Rumbachblick
    32 U 410881   5438944

scan to go®

118

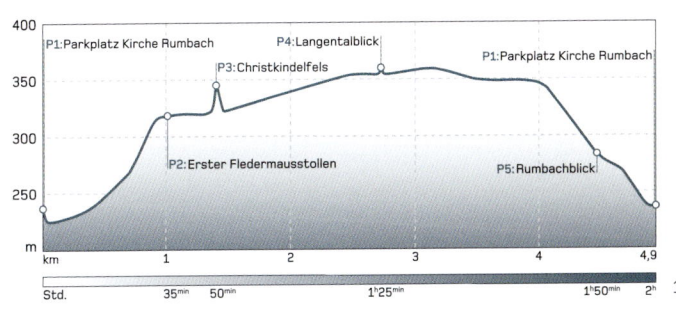

Waldbaden als Gratis-Zugabe, ein Besuch am mystischen Christkindelfels und wunderschöne Aussichten auf pittoreske Dörfer: Der Panoramaweg Rumbach ist eine gelungene Mischung aus entspannendem Walderlebnis und herrlichen Panoramen. Und unterwegs kann jeder nachschauen, ob in der Südwestpfalz wirklich das Christkind wohnt ...

Los geht es am Ortsrand von Rumbach auf dem Parkplatz neben Friedhof und Kirche (1). Eine große Kartentafel gibt uns einen Überblick über die Wege und macht uns mit dem Logo des Panoramaweges Rumbach vertraut: Ein weißes Auge auf orangem Grund wird uns sicher durch den Pfälzerwald führen. Das Höhenprofil macht klar: So ganz ohne Anstrengung werden wir den Christkindelfels nicht erobern.

Neugierig auf die Route laufen wir vom Parkplatz hinunter zur Ortsstraße, wo uns ein erster Wegweiser gemeinsam mit dem Felsenland Sagenweg (Logo: weißes Gespenst auf blauem Grund) nach rechts schickt. Schmuck präsentiert sich der kleine Ort, Fachwerk und – zumindest im Sommer – eine reiche Blumenpracht sorgen für ein pittoreskes wie ansprechendes Ortsbild. Ein munter plätschernder Brunnen mit Bank und Tafel trägt ebenfalls zu einer entspannten Atmosphäre

bei. Langsam nähern wir uns dem Ortsrand und gewinnen dabei bereits etwas an Höhe. Dann stehen wir nach 0.4 km an der Kreuzung mit der Kehrstraße: Hier trennen sich unser Panoramaweg und der heute häufig gemeinsam verlaufende Felsenland Sagenweg ein erstes Mal. Wir knicken scharf nach links bergan und spüren schnell: Es wird anstrengend

> ! Wer möchte, kann an dieser Stelle dem Sagenweg folgen, der auf etwas längerer und dadurch nicht ganz so steiler Strecke zum Wald ansteigt und dort wieder auf den Panoramaweg trifft.

Schritt für Schritt erklimmen wir den Berg und lassen dabei Rumbach rasch hinter uns. Ab und an bleiben wir stehen, verschnaufen kurz und können dabei einen schönen Blick zurück auf den Ort genießen. Dann erreichen wir den

Waldrand und treffen dort wenige Schritte später an einem Wegweiser wieder auf den nun von rechts kommenden Sagenweg (siehe Tipp). Gemeinsam setzen wir den strammen Anstieg nun im Schatten des Waldes fort. Ein Waldweg quert unsere Route, danach wird der Anstieg flacher, da er nun in einigen kleinen Kehren verläuft. Etwas außer Atem und durchaus gefordert, treffen wir nach **0.9 km** an einer Kreuzung im Wald ein und freuen uns, dass nur 10 m weiter links eine Ruhebank zum Durchatmen bereitsteht.

Waldaufstieg

Mit frischen Kräften laufen wir nach der Pause zur Kreuzung und folgen dort den Logos halb links ansteigend. Auf dem bequemen Forstweg gewinnen wir nun sehr viel gemächlicher an Höhe als zuvor, und so bleibt Zeit, den Wald um uns genauer zu mustern. Und schon fällt uns ein zugemauertes Felsenloch mit kleinen Öffnungen **(2)** auf. Wir gehen näher heran und lesen auf einer kleinen Tafel, dass es sich hierbei um ein geschütztes Fledermausquartier handelt. Nach **1.1 km** passieren wir einen weiteren vergitterten Stollen und diesmal erläutert eine größere

Panoramaweg

Christkindelfels von unten

Panoramablick vom Christkindelfels

Infotafel, was es mit diesen alten Stollen aus dem Zweiten Weltkrieg auf sich hat.

Nachdem wir noch einen dritten Stollen passiert haben, wird der Wald etwas lichter und höher, und wir erkennen voraus bereits den nächsten Wegweiser. Hier trennen sich Felsenweg und Panoramaweg mal wieder, und uns bietet sich zu jeder Jahreszeit die Gelegenheit, dem Christkind einen Besuch abzustatten.

Den Abstecher hinauf auf den Christkindelfels sollte man nur mit festem Schuwerk und bei sehr guter Trittsicherheit unternehmen. Der Fels selbst wird über eine Metallleiter erklommen. Wer sich den anspruchsvollen Auf- und Abstieg nicht zumuten möchte, der kann die Aussicht auch von einer nur 100 m entfernten Bank direkt am Panoramaweg bewundern.

Gut gerüstet und fit stellen wir uns der Herausforderung und steigen auf steilem und schmalem Waldpfad zum Felsen empor. Vorbei an einer Bank direkt am Fels gelangen wir zur steilen Metallleiter, die uns nach **1.4 km** aufs Dach des Christkindelfelsens **(3)** führt. Leider ist das Christkind nicht zu Hause, aber der Blick vom Felsen hinab nach Rumbach ist absolut klasse.

Nach ausgiebigem Rundblick folgen wir dem Pfad wieder abwärts zum Wegweiser und biegen dort links ab. In der Kurve unterhalb des Felsens steht nun eine Bank mit Aussicht auf Rumbach bereit, so dass jeder in den Genuss dieses Blickes kommen kann.

Was nun folgt, ist Genusswandern pur. Auf bequemem Naturweg dürfen wir durch die Flanke von Vorderem und Hinterem Sesselberg wandern und uns dabei ganz den Waldträumereien hingeben. Herrlich entspannt erreichen wir nach **2.7 km** den Abzweig zu einem Aussichtspunkt. Über einen kurzen Stichpfad gelangen wir zum wenige Meter oberhalb des Weges gelegenen Langentalblick **(4)**, der uns mit einem fantastischen Panorama für den kleinen Abstecher belohnt. Zwei Holzbänke und ein Natursteintisch bieten zudem alles, was man für eine gemütliche Rast in der Natur braucht.

Zurück auf dem Hauptweg setzen wir die ruhige Waldwanderung fort und passieren dabei sogleich noch eine Bank direkt am Weg, die ebenfalls eine tolle Aussicht auf Langental bietet.

Danach schließt sich wieder die Waldkulisse um uns, und wir können uns ganz dem Naturerlebnis hingeben, was mancherorts aufgeregt als „Waldbaden" vermarktet wird. Das bekommen wir auf unserer Premiumspazierwanderung ganz nebenbei und gratis als Rahmenprogramm. Am Hinteren Sesselberg verabschiedet sich der Sagenweg für einen weiteren Exkurs, während

Abstieg nach Rumbach

wir unserem Waldweg treu bleiben, nun aber nicht mehr durch einen von Buchen dominierten Wald wandern, sondern duftenden Nadelwald mit allen Sinnen erleben dürfen.

Nach **3.9 km** stößt unser Sandweg am Wegweiser Schelmenteich auf einen querenden Forstweg und die von links kommende „Wildsau-tour", einen lokalen Wanderweg. Wir wenden uns nach rechts und laufen sanft hinab zu einer Senke. Dort lädt eine Bank zum Rasten ein, bevor wir rechts auf einen

traumhaften Waldpfad abbiegen. Der Pfad windet sich durch würzig duftenden Nadelwald und führt uns dabei talwärts. Der an einigen Stellen steinige Untergrund und einige querlaufende Wurzeln verlangen zwar unsere Aufmerksamkeit, doch insgesamt ist diese Passage einfach grandios.

Viel zu schnell gelangen wir an den Waldrand, wo sich auch wieder der Sagenweg dazugesellt. Unmittelbar am Übergang zu einer herrlichen Wiese lädt nach **4.5 km** eine Bank

Am Langentalblick

Kirche in Rumbach

mit Tisch zum Verweilen ein. Das lassen wir uns nicht zweimal sagen, nehmen Platz und genießen den Blick auf Rumbach **(5)**. Auch die Spitze des Kirchturms grüßt uns bereits. Auf der anderen Talseite erspähen wir mitten im Wald den Christkindelfels und vollziehen so unsere Runde um Rumbach noch einmal nach.

Mitten über die wogende Wiese geht es jetzt abwärts. An einem Markierungspfosten biegen wir scharf links ab und legen die letzten Meter zum Ortsrand zurück. Dann erreichen wir auch schon das Tor zum Friedhof. Hier bietet sich ein Abstecher zur sehenswerten Christuskirche an, in der man sehr gut erhaltene Fresken aus dem Mittelalter (14. Jahrhundert) bestaunen kann. Der als Wehrkirche konzipierte Bau aus dem 11. Jahrhundert gehört zu den ältesten Kirchen der Pfalz.

Nach diesem kulturellen Leckerbissen kehren wir zum Weg zurück und laufen hinab zur Straße Kirchdöll. Hier biegen wir nach rechts und beenden am Parkplatz **(1)** nach **4.9 km** diese sehr attraktive und entspannende Rundtour.

🚶/ FAZIT

Der Weg steigt nach Verlassen des Ortes steil an, was gute Kondition erfordert, dennoch wird die Begehung im Uhrzeigersinn empfohlen. Festes Schuhwerk ist aber nicht nur bei diesem Anstieg, sondern auch aufgrund des hohen Naturweganteils wichtig, Wanderstöcke sind empfehlenswert. Wer den Startanstieg etwas entschärfen möchte, kann am Knick an der Kehrstraße auch zunächst dem Sagenweg folgen, der länger, aber etwas flacher zum Wald ansteigt und dort wieder auf den Panoramaweg trifft.

Schlüsselstellen: Der Weg verläuft auf weiten Strecken auf Naturwegen. Teilweise (auf dem Pfad beim Abstieg nach Rumbach) geht es über steinigen Grund, querende Wurzeln sind dabei nicht auszuschließen.

Tourist-Information Dahner Felsenland, Schulstr. 29, 66994 Dahn, ☎ 06391/9196222, 🕐 www.dahner-felsenland.de

Wirtshaus „Zum Salztrippler", Ortsstraße 13, 76891 Rumbach, ☎ 06394/5258, 🕐 www.zum-salztrippler.de,

Hotel-Café-Restaurant Haus Waldeck, Im Kangental 75, 76891 Rumbach, ☎ 06394/494, 🕐 www.hauswaldeck-rumbach.de

Mit der Bahn bis Hinterweidenthal. Weiter per Bus oder Ruftaxi nach Dahn. ▪ Im Dahner Felsenland fährt auf festen Linien ein Anruf-Sammeltaxi. Anmeldung mind. 1 Std. vorher; ☎ 06391/ 1824. 🕐 www.taxi-traxel.de ▪ Mai-Oktober „Bundenthaler" oder „Felsenland-Express" von Mannheim bzw. Karlsruhe bis Haltepunkt Moosbachtal, dort in die Tour einsteigen. Infos: 🕐 www.vrn.de

Der nächste Wohnmobilstellplatz ist am Biosphärenhaus in Fischbach bei Dahn: Biosphärenhaus/Wipfelpfad, Am Königsbruch 1, 66996 Fischbach, ☎ 06393/92100, 🕐 www.wipfelpfad.de

Helmut's Taxi Dahn, ☎ 06391/5689 ▪ Taxi Traxel, ☎ 06391/1824 🕐 www.taxi-traxel.de

Geländegängige Hunde können die Tour gut laufen. Im Ort plätschert ein Brunnen, dort sollte man Wasservorräte auffüllen, unterwegs gibt es kein Wasser.

Premium–Wanderwege in der Nähe:

▪ Napoleonsteig, Bruchweiler-Bärenbach, Länge: 11.4 km
▪ Bärensteig, Bruchweiler-Bärenbach, Länge: 14.5 km
▪ Wasgauer Seentour, Fischbach bei Dahn, Länge: 21.1 km
▪ Brunnen- und Quellenweg, Fischbach bei Dahn, Länge: 21.4 km

Es sieht schon sehr futuristisch aus, das Gebäude am Ortsrand von Fischbach. Dinosaurier und Holzschweine begrüßen den Besucher, der sich dem Biosphärenhaus nähert. Im Haus selbst lädt eine auf mehreren Etagen untergebrachte Ausstellung zum teils interaktiven Kennenlernen der Natur ein. Im Mittelpunkt steht natürlich das Biosphärenreservat Pfälzerwald, aber vieles lässt sich auch auf andere Naturräume übertragen.

Das Kombiticket mit dem Baumwipfelpfad ist jeweils für einen einmaligen Besuch von Ausstellung und Wipfelpfad innerhalb von 365 Tagen gültig, Ausstellungsbesuch und Wipfelerlebnis müssen also nicht an einem Tag absolviert werden.

Das Biosphärenhaus bietet auch zahlreiche Sonderveranstaltungen wie Diavorträge, Nachtexkursion zu Eulen und Fledermäusen oder Survival Wochenenden für Familien an. Ein buntes Programm rund ums Jahr vertieft den Bezug zur Natur und vermittelt völlig neue Perspektiven.

www.biosphaerenhaus.de

Register

Register

Traumtouren E-Bike & Bike

Fahr mal hin ...
Neue Entdeckungen mit E-Bike und Bike

14,95 €	ISBN 978-3-942779-37-1	Band 1: RHEIN-MOSEL-EIFEL
14,95 €	ISBN 978-3-942779-55-5	Band 2: RHEINLAND SÜD
14,95 €	ISBN 978-3-942779-39-5	Band 3: SIEG/WESTERWALD/LAHN
14,95 €	ISBN 978-3-942779-40-1	Band 4: BERGISCHES LAND/SAUERLAND/RUHR
14,95 €	ISBN 978-3-942779-41-8	Band 5: HUNSRÜCK/NAHE/RHEINHESSEN
14,95 €	ISBN 978-3-942779-42-5	Band 6: WESTERWALD

www.ideemediashop.de

Hike & Bike

Kostenlos die App
traumtouren nutzen

Lesen, laden, losgehen: So einfach war es noch nie, die beschriebenen Routen auf dem Smartphone anzuzeigen. Laden Sie dazu bei Apple iTunes (für iPhones und iPads) oder im Google Play Store (für Android-Geräte) die kostenlose Basisversion der App traumtouren.*

1. Öffnen Sie die App. Im Buch finden Sie in jedem Kapitel einen QR-Code. Scannen Sie den Code aus der geöffneten App heraus.

2. Automatisch wird die entsprechende Tour auf der Kartengrundlage von Google Maps angezeigt. Beim Laden ist dazu eine Mobilfunk-(hier fallen evtl. Kosten an) oder WLAN-Verbindung notwendig.

3. Unterwegs können Sie jederzeit Ihre aktuelle Position verfolgen und (bei bestehender Mobilfunkverbindung) zusätzliche Informationen, Tipps und Fotos abrufen.

Bitte beachten Sie: Das Scannen der QR-Codes klappt am besten mit Smartphones, die über eine Autofocus-Funktion verfügen. Alternativ zum Scannen können Sie in der App den TourCode eingeben.

Wichtig: Scannen Sie den TourCode versehentlich nicht direkt aus der App traumtouren (sondern über einen normalen QR-Scanner), öffnet sich nur die Karte mit dem Startpunkt der Tour. Via Google Maps können Sie sich dann dorthin navigieren lassen. Je nach Mobilfunk-Vertrag können für die Datenübertragung (besonders im Ausland) Kosten anfallen.

*Die Basisversion von „traumtouren" ist gratis und enthält als Bonus weitere fünf Wander- und Radtouren. Bitte beachten Sie die gesonderten Nutzungsbedingungen. Es besteht kein Anspruch auf Verfügbarkeit. Die App ist nicht Bestandteil des Buchkaufs.

Lesen. Laden. Losgehen.

traum touren

GPS: So funktioniert's

▶ EINFACH HIMMLISCH GEFÜHRT

Besitzer von GPS-Navigationsgeräten (Outdoor-Geräte oder Smartphones) kommen nie vom Weg ab und wissen immer, wo sie gerade sind: In allen Rad- und Wanderführern des ideemedia-Verlags finden Sie die Rad-, Wander- und Erlebnisrouten für Outdoor-Navigationsgeräte. Die Touren liegen im weit verbreiteten *gpx-Format vor.

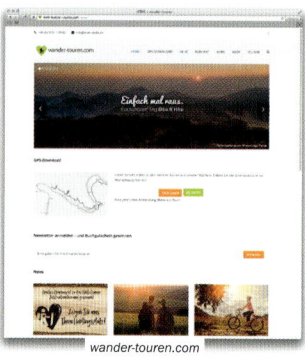
wander-touren.com

Mit dem kostenlosen Programm BaseCamp von Garmin ist es möglich, die Tracks anzusehen, zu bearbeiten und direkt auf Garmin-Geräte zu laden. Dieses Programm kann auch ohne die zusätzlich zu kaufende Karte eingesetzt werden, bietet dann aber nur eine globale Karte ohne Details. BaseCamp läuft zudem auch auf Apple Computern. Alle anderen Hersteller von Outdoor-GPS-Geräten bieten ebenfalls kostenlose Programme an. Allerdings müssen Sie meistens auch eine digitale Karte erwerben, um den Track am PC und auf Outdoor-Geräten auf der Karte zu sehen. Für PC-Nutzer ist auch die Software MagicMaps Tour Explorer empfehlenswert. In OpenStreetMaps oder Google Maps können die Daten mit Hilfe eines GPX Viewer angezeigt werden. Diese Kartenansicht können Sie für unterwegs zum persönlichen Gebrauch ausdrucken.

▶ DIREKT ZUM PREMIUM-TRACK: SO FUNKTIONIERT´S

Zum Download der Routen benötigen Sie entsprechende Tour-Codes. Diese finden Sie unter anderem jeweils am Anfang der einzelnen Kapitel oder am Ende. Auf der Internetseite www.wander-touren.com geben Sie den Code ein. Eine gesonderte Anmeldung ist nicht mehr erforderlich. Sie bestätigen mit der Downloadanfrage, dass Sie im Besitz des entsprechenden Buches (Print oder elektronische Ausgabe) sind. Wenn Sie per Mail über Updates informiert werden möchten, melden Sie sich bitte unter www.wander-touren.com zum Newsletter an.

▶ GPX-DATEN AUF OUTDOOR-NAVIS LADEN

Als Buchbesitzer können Sie die Daten als Datei im weit verbreiteten *gpx-Format als Einzeltour laden und danach auf Ihrem PC ablegen. In einzelnen Fällen können die Daten hinter den Codes auch gebündelt als *.zip-Datei verpackt vorliegen, die Sie vor der weiteren Verwendung entpacken müssen.

Als Nächstes müssen Sie die gewünschte Tour auf Ihr Navigationsgerät übertragen. Für die meisten GPS-Outdoor-Geräte ziehen Sie einfach den Track von Ihrem Desktop nach Verbinden des GPS-Geräts mit dem Computer in das GPS-Verzeichnis Ihres Outdoor-Geräts, das Sie als Laufwerk auf dem Desktop sehen. Sollte Ihr GPS-Gerät ein besonderes Format verlangen, so können Sie den Track mit der Software RouteConverter in fast jedes Format konvertieren. RouteConverter ist ein kostenloses GPS-Werkzeug, um Routen, Tracks und Wegpunkte anzuzeigen, zu bearbeiten und zu konvertieren. Es läuft sowohl auf PC als auch auf Apple Computern. Zur Übertragung der Tour-Daten können Sie auch die Ihrem Kartenprogramm oder Ihrem Navigationsgerät beigelegte Software nutzen. Bei Problemen mit der Übertragung der Daten auf Ihr Navigationssystem wenden Sie sich bitte an Ihren Hersteller oder Lieferanten. Sollte der von Ihnen verwendete Internet-Browser den Daten-Download blockieren, kontrollieren Sie bitte Ihre Sicherheitseinstellungen und beachten die Angaben des Anbieters.

▶ GPS FÜR SMARTPHONES/IPHONES

GPS-Daten auf ein Smartphone zu laden, ist inzwischen recht einfach und funktioniert mit mehreren Apps sowohl für iPhones als auch für Android-Geräte. Unser Tipp: Laden Sie sich verschiedene Apps auf Ihr Gerät und testen Sie, mit welcher Software Ihr Gerät fehlerfrei arbeitet. Laden Sie nun von www.wander-touren.com den *.gpx-Track herunter und öffnen ihn mit einem geeigneten Programm. Meist schlägt das Betriebssystem eine Auswahl geeigneter Programme vor. Probleme kann es evtl. mit den Karten geben, wenn diese unterwegs über das Netz geladen werden müssen. Von Netzproblemen abgesehen, kann das zu hohen Downloadkosten führen.

GPS: So funktioniert's

▶ **GRATIS-APP traumtouren: SCANNEN, LADEN, LOSLEGEN**

Wesentlich einfacher geht es mit der neuen App „traumtouren", die Sie für Smartphones und Tablet-PCs als kostenlose Basis-Version über GooglePlay (Android) und iTunes App-Store (iOS) laden können. Via Tour-Code oder über das Scannen des QR-Codes aus der App heraus können Sie dann schnell, einfach und bequem die komplette Tour auf Ihr Smartphone oder Tablet übertragen. Neben der Wegstrecke erhalten Sie zusätzliche Kurzinfos, sehen (bei bestehender Mobilfunk- bzw. Satellitenverbindung) Ihren aktuellen Standort und können der vorgeschlagenen Route folgen. Die App ist auf einfache Bedienbarkeit ausgelegt und auf die wesentlichen Funktionen für unterwegs reduziert. Bedenken Sie bitte: Je nach Mobilfunkvertrag können für die Nutzung der Verbindung Kosten anfallen. Die App ist nicht Bestandteil des Buchkaufs, die Verfügbarkeit ist nicht garantiert. Bitte beachten Sie die gesonderten Nutzungsbedingungen. Eine ausführliche Anleitung zur Bedienung der App finden Sie auf **www.wander-touren.com/www/app-hilfe** .

Bitte beachten: Wenn Sie den QR-Code nicht aus der App herausscannen, öffnet sich Google Maps, und es wird Ihnen der Startpunkt der Tour angezeigt.

▶ **ALLGEMEINE HINWEISE**

Alle Daten wurden auf Fehlerfreiheit geprüft und werden bei Änderungen der Wegführung nach Verfügbarkeit aktualisiert. ideemedia übernimmt keine Haftung für mögliche Abweichungen, Vollständigkeit, Verfügbarkeit und Einsatz auf allen Navigations-Modellen. Sollte ein Gerät das Laden von GPS-Daten nicht ermöglichen, so wenden Sie sich in diesem Fall bitte an den Hersteller. Die Nutzung der Tour-Downloads ist nur Buchbesitzern zur privaten Verwendung gestattet, eine Weitergabe an Dritte sowie das Vervielfältigen auf Datenträgern jeder Art ist untersagt. Kommerzielle Nutzung ist nur nach schriftlicher Vereinbarung mit ideemedia gestattet. Idee, Konzeption und Daten sind urheberrechtlich geschützt. Die Daten enthalten einen Sicherheitscode. Eine Vervielfältigung zur Verteilung oder Verlinkung ist strikt untersagt und kann bei Missbrauch zu Schadenersatzforderungen führen.

▶ PREMIUM-GPS: WAS IST DAS?

Im Gegensatz zu vielen anderen Anbietern im Print- und Online-Bereich greifen wir nicht auf die Standard-Daten von kostenlosen Internetportalen, privaten oder öffentlichen Anbietern zurück, sondern ermitteln die Daten vor Ort und aktualisieren diese im Regelfall, wenn uns gravierende Änderungen bekannt werden. Um es Kunden so komfortabel wie möglich zu machen, bieten wir Ihnen, neben den *.gpx-Daten, die Nutzung der App traumtouren. Die Arbeit ist aufwendig und kostenintensiv – und daher bitten wir um Verständnis, dass wir diese aufbereiteten Daten in vollem Umfang nur unseren Kunden zur Verfügung stellen.

▶ GPS-DATEN VERARBEITEN: NICHT OHNE ÜBUNG

Trotz enormer Fortschritte in der Gerätebedienung ist es für Laien immer noch nicht völlig unkompliziert, die Daten auch richtig nutzen zu können. Da es sich bei den *.gpx-Daten um ein kostenfreies Zusatzangebot zu unseren Printprodukten handelt, können wir keine Unterstützung für GPS-Geräte, GPS-Software oder Kartengrundlagen leisten. Bitte wenden Sie sich dazu an Ihren Hersteller oder Lieferanten und arbeiten Sie sich gründlich in die Möglichkeiten der GPS-Nutzung ein. Verlassen Sie sich auch bei Ihren Touren nicht ausschließlich auf Ihr GPS-Gerät, Empfangsprobleme in engen Schluchten oder hohen Wäldern, Batterie- oder Softwareprobleme sind nicht unbekannt. Wir empfehlen aus Erfahrung die zusätzliche Mitnahme von Buch und Karten.

▶ PROBLEME MIT .GPX-DATEIEN BEI MANCHEN PROGRAMMEN UND APPS

Wenn Sie sich unsere Touren einfach und bequem auf dem Smartphone anzeigen lassen möchten, empfehlen wir Ihnen unsere App „traumtouren", da Ihnen hier alle wichtigen Infos und alle vorhandenen Tracks zur Tour einfach und schnell angezeigt werden.

Leider kommt es ab und an vor, dass andere Programme oder Apps Probleme mit den von uns bereitgestellten umfangreichen .gpx-Daten haben. Da wir unsere .gpx-Daten häufig mit zusätzlichen Informationen zu Zuwegen, Abwegen und Varianten ausstatten, enthalten unsere Daten häufig mehrere Tracks. Einige Apps und Programme wie bspw. Komoot können jedoch nur einen Track pro .gpx-Datei darstellen. Befinden sich mehrere Tracks in einer Datei, wird bei diesen automatisch der Erste für die Darstellung ausgewählt und angezeigt. Die anderen Tracks können nicht ausgewählt oder angezeigt werden, weshalb manche Touren zu kurz oder unvollständig erscheinen. Kunden, die eine solche App oder ein solches Programm zur Navigation nutzen, empfehlen wir die .gpx-Datei mit dem Programm RouteConverter zu öffnen. Dieses Programm gibt es (auch für Mac) zum kostenfreien Download im Internet. Hier werden Ihnen nun alle Tracks angezeigt, die in der heruntergeladenen .gpx-Datei enthalten sind. Über dieses Programm können Sie die Tracks nun bearbeiten, separieren und sogar auch in anderen gewünschten Formaten abspeichern. So können Sie die gewünschte Route von den anderen isolieren und abspeichern und schließlich auch mit Programmen und Apps öffnen, die zuvor den gewünschten Track nicht anzeigen konnten.

KARTEN IM BUCH

Bei längeren Strecken ist eine Kartendarstellung mit detailliertem Maßstab im besonders beliebten Pocketformat leider nicht möglich. Die übersichtlichen und aufgeräumten Karten dienen vor allem der kompletten Streckendarstellung mit den wichtigsten Stationen. Sie erleichtern eine erste Orientierung, die sowohl durch die detaillierte Beschreibung ergänzt wird als auch durch die Anbindung an die kostenfreie App traumtouren, die auf nahezu allen Smartphones läuft. Für Navigationsgeräte, zur Karten-Darstellung und zum Ausdrucken via PC steht der Download der gpx-Daten zur Verfügung. Mit wenig Aufwand und vielen online angebotenen Programmen (sog. gpx-Viewer) können damit (u.a. auch über Google Maps oder Open Street Map) Kartendarstellungen ausgedruckt werden. Autoren und Verlag haben sich daher konsequent dazu entschieden, diese bequeme, einfache und moderne Form der Darstellung und Navigation zu wählen. Die in der gedruckten Übersichts-Karte und im Text herausgestellten P-Punkte (Point of Interest) sind nicht als Beschilderung zu verstehen, sondern bezeichnen besondere Streckenpunkte topografischer Art, erleichtern die Orientierung bei Abzweigungen oder bezeichnen Sehenswürdigkeiten, bei denen sich ein Halt lohnt. Die Traumpfädchen sind alle mit dem entsprechenden Logo markiert.

Ulrike Poller studierte in ihrer Heimatstadt Würzburg Mineralogie und promovierte in der Schweiz über das Silvretta Massiv. 1995 kam sie als Wissenschaftlerin ans Max-Planck-Institut für Chemie in Mainz, wo sie zusammen mit Wolfgang Todt Altersbestimmungen durchführte.

Wolfgang Todt, aufgewachsen in Heidelberg, studierte Physik und Geologie. Von 1980 bis 2005 leitete er am Max-Planck-Institut für Chemie in Mainz die Arbeitsgruppe für Geochronologie.

Wolfgang Todt und Ulrike Poller sind verheiratet und haben 2005 ihre Agentur „Schöneres Wandern" gegründet, die sich bemüht, die Qualität von Wanderwegen zu verbessern. Beide Autoren sind zudem Mitglied im Deutschen Wanderinstitut.

Infos unter: **www.schoeneres-wandern.de**

Wir danken den beteiligten Tourist-Informationen für die Unterstützung und Zusammenarbeit.

Tipp: Kleine Rucksack-Kunde

✔ Richtig auswählen

✔ Richtig packen

✔ Richtig einstellen

Damit die Last nicht zur Qual wird, führen unsere exemplarischen Packlisten auf, was unbedingt in den Rucksack muss. Infos: www.schoeneres-wandern.de/html/praxistests.html

Was gehört in den Tagesrucksack?

Was	Gewicht
Rucksack ca. 25-30 l	1250 g
Regenhülle für Rucksack	50 g
Regenjacke	400 g
Pullover/Fleecejacke	300 g
Verbandszeug*	300 g
Sitzkissen	100 g
Wanderkarte/Kompass/GPS-Gerät	300 g
Fotoapparat	500 g
Schirmmütze (Sonne!)	100 g
Sonnencreme	100 g
Taschenmesser	100 g
Trinkflasche/-system mit Inhalt	1000 g
Proviant (Brötchen, Müsliriegel, Obst)	300 g
Gesamtgewicht	**4800 g**

*Im Verbandszeug darf nicht fehlen:
Pflaster, Blasenpflaster, Sprühverband, Insektensalbe, Zeckenzange

Impressum

Herausgeber: Uwe Schöllkopf (ideemedia GmbH)
Autoren: Ulrike Poller & Wolfgang Todt
Konzept & Redaktion: Uwe Schöllkopf
Redaktionelle Mitarbeit: Anna Ley, Matthias Frickel
Grafik/DTP/Produktion: Dominik Molz
Karten & Höhenprofile: KGS Kartografie Schlaich | ideemedia GmbH

Verlag: ideemedia GmbH, Karbachstr. 22, D-56567 Neuwied
Telefon: 02631/9996-0 • Telefax: 02631/9996-55 • E-Mail: info@idee-media.de

Internet: www.ideemediashop.de • www.wander-touren.com

Alle Angaben wurden nach bestem Wissen recherchiert und sorgfältig überprüft. Sollten sich dennoch Fehler eingeschlichen haben, bitten wir um Entschuldigung und Benachrichtigung. Für Fehler übernimmt der Verlag keine Haftung. Aktuelle Änderungen, Downloads und Updates zum Buch finden Sie unter www.wander-touren.com Mit der App traumtouren lassen sich die Touren über die QR-Codes aus dem Buch direkt auf Smartphones laden. Die kostenlose Basisversion der App ist nicht Bestandteil des Buches, eine Verfügbarkeit ist nicht garantiert.

Die Deutsche Bibliothek – CIP – Einheitsaufnahme: 978-3-942779-51-7

Titelbild: Abode Stock

Weitere Fotos: Ulrike Poller, Wolfgag Todt, Robert Carrera, Esther Budell-Hoffmann/Kultur- und Verkehrsamt Zweibrücken, Wikipedia/ Common Licence, Uwe Schöllkopf